広島県内の現役路線と廃線

広島県の鉄道
昭和～平成の全路線

牧野和人 著

低い屋根の商店が並ぶ通りには小柄な単車が良く似合う。広島電鉄400形は、南海鉄道(現・南海電鉄)、大阪電気局(現・大阪市交通局)で使われていた木造車の車体を鋼体化した、戦前派の改造車だ。◎宇品　1960年7月17日　撮影：荻原二郎

海沿いの鉄路という印象が強い呉線。しかし、海辺の街を結ぶ区間には小さな丘陵越えが点在する。安芸川尻～安登間はC59、C62など、力行する大型蒸気機関車の姿を見られる名舞台の一つだった。
◎安芸川尻～安登　1969年1月1日　撮影：荒川好夫(RGG)

はじめに

西日本における鉄道輸送の大動脈である山陽新幹線と山陽本線が県内を横切る広島県。中国地方のほぼ真ん中に位置し、広島市を中心に独自の文化を発信して、近隣地域へ影響を与えてきました。黎明期の鉄道建設に目を向けると、広島県下の路線は官設鉄道のみならず、地元有志の手で開業を見たものが散見されます。現在はJRの福塩線や可部線は途中までが電化路線です。電化区間は当初、私鉄として開業した名残であり、そこに自ら便利な交通手段を建設した地元の気概を感じます。かつては旅客輸送の大動脈だった山陽本線でさえ、県外の資本とはいえ私鉄として出発したのです。

また、鉄道網の進展は、中国地方でも瀬戸内の街同士や山陽山陰の繋がりを、それまで以上に強固なものへ育てました。陰陽連絡という経路ができると広島からは芸備線等を経由して鳥取県の米子や、島根県の松江等、山陰の主要都市とを結ぶ列車が運転されるようになりました。山河海浜の幸に恵まれた県下の各地域へは、短時間の内に列車で行くことができるのです。駅の先には瀬戸内の穏やかな波打ち際や、比婆山中の荘厳な緑が感動に震える旅人を待っています。

自然景観だけではありません。路面電車に乗って街へ繰り出せば、目に映る衣食住すべてが誇らしげに広島を主張してきます。街景色に溶け込む電車の中には、昭和一桁生まれの古豪が混じり、電停で眺めるだけでも興味は尽きません。トンネルの間からちらりと見える新幹線の車窓だけではない、広島県下の鉄道が魅せる多彩な情景と歴史探訪を本書でお楽しみください。

2018年3月　牧野和人

広島電鉄西広島駅に隣接する「ひろでん会館」。広島電鉄が所有し1964年に開業した。長らく地域の象徴的な存在だったが、近年、この場所にタワーマンションを建設する計画が浮上し、2019年から解体される予定だ。◎1967年1月14日　撮影：明田弘司

1章

国鉄、JR

- 山陽新幹線
- 山陽本線
- 福塩線
- 芸備線
- 呉線
- 可部線
- 木次線
- 三江線（廃線）
- 宇品線（廃線）

構内南側に中規模な駅舎が建っていた頃の広島駅前。駅舎の東方に出口が設けられている。その傍らに売店が別棟で営業している。車寄せに駐車された自動車の窓は全開の様子。未だ鉄道ともども、冷房が一般に普及する以前の光景である。◎1959年6月3日　撮影：明田弘司

山陽新幹線

瀬戸内を西に走る新しい大動脈

区間▼新大阪～博多
駅数▼19駅
全通年月日▼1975（昭和50）年3月10日
路線距離▼553.7キロ
軌間▼1435ミリ
最高速度▼300キロ

福山城内に接し、線路の敷設に制約があったことからホーム上に半径3,500メートルの曲線を配置する福山駅の新幹線ホーム。車両の先頭部が隠れる下り方からの眺めは、構内の曲線をより急に見せる。◎1975年　提供：福山市

尾道の市街地よりも山方に建設された、山陽新幹線新尾道駅に停車する100系。JR化後に山陽新幹線に充当された100系の多くは、短編成化等の組成見直しが成され、新幹線としては可愛くさえ映る4両編成が登場した。それらの中には明灰色を基調に、濃灰色と薄緑色の帯を巻いた塗装に改められた編成があった。◎2005年8月14日　所蔵：フォト・パブリッシング

新大阪 しんおおさか……… 0.0km
～
福山 ふくやま …………238.6km
新尾道 しんおのみち……258.7km
三原 みはら ……………270.2km
東広島 ひがしひろしま…309.8km
広島 ひろしま …………341.6km
～
博多 はかた ……………622.3km

日本が誇る新幹線は、1964（昭和39）年10月1日、東京～新大阪間の東海道新幹線としてスタートを切った。そして、さらに西へ続く路線として、約1年後の1965（昭和40）年9月9日、山陽新幹線の新大阪～岡山間が「山陽本線の線増工事」として運輸大臣の認可を受けたのである。1966（昭和41）年5月31日にはルートと駅が認可、1967（昭和42）年3月16日、兵庫県赤穂市で起工式が行われた。「ひかりは西へ」というキャンペーンのもと、山陽新幹線は、1972（昭和47）年3月15日、新大阪～岡山間が開業した。

一方、広島県内を通る山陽新幹線は、1969（昭和44）年6月18日に岡山から九州に向かうルートとして、岡山～博多間の工事が認可、同年12月4日にルート、駅が認可された。1970（昭和45）年2月10日に広島市内で起工式が行われた。1974（昭和49）年8月1日、国鉄新幹線総局に広島新幹線運転所が発足した。そして、1975（昭和50）年3月10日、県民らが待ちに待った山陽新幹線の岡山～博多間の開業がついに実現したことで、広島県内にも福山・三原・広島の3駅が誕生したのである。その後、1988（昭和63）年3月13日には山陽新幹線の広島県内の新駅として、新尾道駅と東広島駅が開設されている。

岡山県内で山陽本線の北側（地下）を走ってきた山陽新幹線は、広島県内に入ると地上に出て、山陽本線と2度交差し、福山駅に至る。この先は再び山陽本線の北側、主にトンネル区間を走って新尾道駅に到着する。この新尾道駅はトンネル区間に挟まれた尾道市北部に位置し、他の鉄道との連絡はない。そして、三原駅で再び山陽本線、呉線と接続する形となり、さらに山陽本線の北側を西に進むが、沼田川の手前で、北上する山陽本線の地下をくぐり、今度は南側

10階建て以上の高いアパート群が壁のように建ち並ぶ、広島市郊外を新在路線の列車が行き交う。山陽新幹線は博多開業から10年を経て、広島市民にとって生活の足ともなっていた。◎0系　広島～新岩国　1984年4月17日　撮影：高木英二(RGG)

1996年にJR西日本が新幹線「のぞみ」に投入された500系。ロケットなどを彷彿とさせる如何にも速そうな姿は、白一色だった東海道、山陽新幹線車両に新風を吹き込んだ。「のぞみ」運用を退いた2008年からは短編成化され、山陽新幹線の「こだま」運用に就いた。◎2016年7月23日　所蔵：フォト・パブリッシング

請願駅として1988年に開業した東広島駅。「こだま」と「ひかり」の一部のみが停車する。ホームに停車する6両編成の100系は、東海道新幹線などと比べて輸送量が少ない、山陽新幹線の「こだま」運用へ充当された折に短縮化された編成だ。◎2012年1月25日　所蔵：フォト・パブリッシング

を行くことになる。ここから東広島駅まではほぼ地下区間である。この東広島駅は、竹原市との境界に近い東広島市内に置かれており、他路線との連絡はない駅である。

東広島駅から先は地上区間が続くが、再び地下に入り、安芸中野～海田市間の山陽本線と交差し、再び北側を広島駅に向かって進む。広島駅付近の市中心部では、山陽本線とほぼ並行に走った後、南西の海側を進む山陽本線とは距離を置くこととなる。そして、そのまま西に進み、山中の地下を走りながら、山口県内(岩国市)に至る。

山陽新幹線の開通により、広島駅の北口は新幹線口と改められた。新幹線のためには、北口側に3階建ての高架駅舎が建設され、2階に新幹線改札が設けられた南口側とは2階、地下の自由通路で結ばれている。新幹線用のホームは、島式2面4線の11～14番線が3階に設けられている。

山陽新幹線のための地元請願駅として誕生したのが新尾道駅である。駅の構造は相対式ホーム2面2線の高架駅で、改札口、コンコースは2階、ホームは3階となっている。この新尾道駅と尾道駅は、おのみちバス、中国バスの路線バスにより、15～20分ほどの時間で結ばれている。

東広島駅も建設費用を地元で負担した請願駅であり、新尾道駅と同時に開業した。駅の構造も同じ相対式ホーム2面2線をもつ高架駅である。この駅も山陽本線の西条駅、呉線の竹原駅と芸陽バスなどで結ばれている。

広島県内では、「のぞみ」「みずほ」「ひかり」「さくら」「こだま」のすべての列車が広島駅に停車する。このうち「のぞみ」「さくら」の一部と「ひかり」は、福山駅にも停車する。また、新尾道、三原、東広島駅は、「ひかり」の一部と「こだま」が停車する。

1975年3月10日に山陽新幹線は全線開業を迎えた。福山城の至近に建つ福山駅は三層高架構造の駅になり、最上階が新幹線ホームとなった。広窓の0系が城郭を背に駅へ入線する。◎1975年　提供：福山市

山陽本線

山陽鉄道が建設した西日本の大動脈

区間▼神戸～門司
駅数▼131駅（貨物駅含む）
全通年月日▼1901（明治34）年5月27日（神戸～下関間）
1942（昭和17）年7月1日（全通）
路線距離▼534.4キロ　**最高速度**▼130キロ
軌間▼1067ミリ

非電化時代の山陽本線横川～己斐（現・西広島）間。太田川を渡る橋梁は、上り線用が上部トラス構造のものに架け替えられている。鉄道橋の手前には小さな土橋が架かる。区間列車には気動車が充当されていた。◎1962年3月20日　撮影：明田弘司

EF65 1000番台車が牽引していた頃の下り寝台特急「富士」。日の出が遅い山陽路でも、日脚が長い季節には夜明け後となる6時1分に広島駅へ到着。2分間の小休止を取り、九州へ向かって発車して行った。◎広島駅　1984年4月17日　撮影：高木英二（RGG）

山陽本線は、神戸市の神戸駅と福岡県北九州市の門司駅を結ぶ長さ534・4キロの幹線で、東海道本線と並ぶ日本の大動脈である。山陽新幹線の開通や空路、高速バス等との競合により寝台特急などの優等列車は消えたものの、西日本（瀬戸内）の各県を結ぶ重要な鉄道路線であることに変わりはない。広島県内では、福山、尾道、三原、東広島、広島、廿日市、大竹の各市、海田町、府中町を通り、37の駅が置かれている。

山陽鉄道の歴史は、明治時代の私鉄の雄でもあった山陽鉄道に始まる。「三井中興の祖」として知られる中上川（なかみがわ）彦次郎を社長として、1888（明治21）年に設立された山陽鉄道は、鉄道路線の開設とともに、乗客へのサービスにも努め、日本で初めて食堂車や寝台車を登場させたほか、ステーションホテル（山陽ホテル）の設置なども行った。

1888（明治21）年11月1日にまず兵庫県内の兵庫～明石間の開業からスタートした路線は、1890（明治23）年に岡山県の三石駅（仮停車場）まで延伸。1891（明治24）年には岡山と広島との県境を越えて福山駅に達した。福山駅への延伸、開業は同年9月11日である。同年11月3日には福山～尾道間を開業させるという猛スピードであった。1892（明治25）年7月20日には尾道～三原間が延伸。この三原駅（初代）は現在の糸崎駅である。

1894（明治27）年6月10日に三原～広島間が延伸。このときに三原駅（初代）は糸崎駅となった。同時に現在の三原駅（二代目）も開業している。1897（明治30）年9月25日に広島～徳山間が延伸して広島県内の路線は全通した。山陽鉄道はさらに延伸を続け、1901（明治34）年5月27日に馬関（ばかん）（現・下関）駅まで開通している。なお、現在の山陽本線が全通するのは、1906（明治39）年12月1日に山陽鉄道が国有

商業施設や立体駐車場を備えた駅ビルとなった頃の広島駅。1965年の竣工当時には「広島民衆駅」と呼ばれた。南口駅前には広島電鉄の電停がある。行き止まりの乗降場に発着する路面電車は、鉄路の玄関口から街の中心部へ至る水先案内人としての役割を果たしている。◎1989年　撮影：明田弘司

神戸	こうべ	0.0
～		
大門	だいもん	194.2
東福山	ひがしふくやま	197.5
福山	ふくやま	201.7
備後赤坂	びんごあかさか	207.5
松永	まつなが	212.4
東尾道	ひがしおのみち	215.3
尾道	おのみち	221.8
糸崎	いとざき	230.9
三原	みはら	233.3
本郷	ほんごう	242.8
河内	こうち	255.1
入野	にゅうの	259.5
白市	しらいち	263.9
西高屋	にしたかや	268.3
西条	さいじょう	272.9
寺家	じけ	275.2
八本松	はちほんまつ	278.9
瀬野	せの	289.5
中野東	なかのひがし	292.4
安芸中野	あきなかの	294.4
海田市	かいたいち	298.3
向洋	むかいなだ	300.6
天神川	てんじんがわ	302.4
広島	ひろしま	304.7
新白島	しんはくしま	306.5
横川	よこがわ	307.7
西広島	にしひろしま	310.2
新井口	しんいのくち	314.4
五日市	いつかいち	316.8
廿日市	はつかいち	320.2
宮内串戸	みやうちくしど	321.8
阿品	あじな	324.8
宮島口	みやじまぐち	326.5
前空	まえぞら	328.3
大野浦	おおのうら	331.4
玖波	くば	336.4
大竹	おおたけ	340.8
～		
門司	もじ	534.4

向洋は広島市内の東側を流れる猿猴（えんこう）川の東岸に建つ山陽本線の駅だ。広島に本社を持つ自動車メーカー、東洋工業（現・マツダ）本社の最寄りで、朝夕は通勤客で賑わう。夕刻の情景だろうか。人波が吸い込まれるように、大きな三角屋根が聳える木造駅舎へと流れていく。◎1954年3月27日　提供：府中町

化された後、1942（昭和17）年7月1日に関門トンネルが開通し、下関～門司間が鉄道路線で結ばれたときである。

この山陽本線には、鉄道ファンにはおなじみの「瀬野八（せのはち）」と呼ばれる山越えの難所が存在している。「瀬野八」とは、東広島市の八本松駅と広島県安芸区の瀬野駅との間にある急こう配の区間の通称で、古くから山陽道の難所であった。山陽鉄道が開通した後も、上り列車には補助機関車（補機）が付けられ、ようやくこの区間を越えることができた。そのため、瀬野駅には補機用の蒸気機関車のための瀬野機関区が置かれ、中間点に上瀬野信号所が存在する時代もあった。現在も電気機関車のための八本松変電所、瀬野変電所がある。

長い間、この山陽本線は、日本の東西を結ぶ大動脈の路線であり、山陽新幹線の開業までは、東京と九州を結ぶ特急・急行列車のルートでもあった。戦前には、下関や九州から大陸に向かい、ヨーロッパまで至る欧亜連絡線の一部にもなっていた。山陽鉄道時代から京都～馬関（下関）間の「最急行」が運転されており、1905（明治38）年には、新橋～下関間を35時間16分で結ぶ急行も登場した。1912（明治45）年には新橋～下関間を25時間8分（下り）で結ぶ特急の運転も開始された。この特急は、やがて東京駅

山陽新幹線の開業に伴い、高架化された福山駅。在来線ホームがある2階部分には、「祝新幹線博多開業」の文字が躍る装飾看板が掲げられている。駅前はバス、タクシー乗り場として整備された。◎1975年　提供：福山市

駅舎から望む福山駅前は1970年の様子。画面右手のバス乗り場には車両が整然と並ぶ。中にはボンネットバスの姿も。それに対してタクシー等は駅の近くへ思い思いに乗り付けているように見える。◎1970年　提供：福山市

が始発となり、1929（昭和4）年には「富士」「桜」の愛称も付けられている。

戦後は、京都〜博多間の特急「かもめ」、東京〜博多間の寝台特急「あさかぜ」、東京〜熊本間の特急「みずほ」などが山陽本線の看板列車として運転され、多くの人々に愛された。

◇

山陽本線の主要駅で、広島市の玄関口である広島駅は、1894（明治27）年6月10日に三原（現・糸崎）〜広島間の延伸時に開業している。当時は山陽鉄道の終着駅であり、江戸時代以来の城下町として発展した広島市の北側に位置していた。同年8月21日には、広島〜宇品間を結ぶ軍用線（後の宇品線）が開通。1897（明治30）年9月25日、徳山駅までの延伸により途中駅となった。初代の駅舎は木造の小さな駅舎で、南口に向けて開かれていた。1922（大正11）年に鉄筋コンクリート造りの二代目駅舎が完成。京都駅（二代目）を模したこの駅舎は、原爆投下などで大きな被害を受けたものの、戦後も引き続き使用されていた。1965（昭和40）年12月、広島民衆駅と呼ばれた現在の三代目駅舎が誕生している。この広島駅と南側に広がる市街地（中心部）とは、広島電鉄（広島市電）で結ばれていた。

広島県内で最初に誕生した鉄道の駅は福山駅である。1891（明治24）年9月11日に笠岡〜福山間が開通し、しばらくの間は山陽鉄道の終着駅であった。同年11月3日に尾道駅まで延伸し、途中駅となった。駅舎は1893（明治26）年4月21日、広島駅寄りに300メートル移設されている。現在は広島県で最も東にある駅は大門駅であるが、大門駅は1897（明治30）年12月26日の開業で、福山駅は開業当時においては県内で最も東に位置する駅であった。山陽新幹線との連絡駅であり、福塩線との接続駅であ

福山市の西端部にある松永駅は福山と合併する以前、旧松永市の鉄道玄関口として山陽鉄道が尾道～福山間を開業と同じ1891(明治24)年に開業した。駅舎は1968(昭和43)年12月に橋上化された。◎1979年　提供:福山市

山陽本線の岡山～三原間電化に伴い、準急「びんご」が大阪～三原間に1往復設定された。列車編成はサロ1両を含む153系の10両編成。運転初日には福山駅で出発式が執り行われた。◎1961年　提供:福山市

可部線で運転される列車の中には山陽本線、呉線へ乗り入れて広島以東まで顔を出す運用があった。普段の旅客列車は115系で統一された感が強い糸崎駅のホームに、可部線色の72系電車が停車していた。◎糸崎駅　1974年9月13日　撮影:荒川好夫(RGG)

るが、かつては鞆鉄道とも連絡していた。

現在の福山駅は、新幹線の開通に合わせて改築された、3層構造の高架駅となっている。2階に置かれている在来線のホームは、島式3面6線の構造で、3・4番線が山陽本線（下り）、5・6番線が山陽本線（上り）、7・8番線が福塩線用に使用されている。この駅は、開業当初に福山城の三ノ丸、内堀、外堀を利用して造られたため、福山城に隣接して存在し、南側に西国街道（国道2号）が走る形であった。西側には芦田川の流れがあり、南側に福山市役所が置かれている。

尾道駅は、歴史に包まれた美しい景観と坂の多い町であり、文学や映画の舞台としても有名な尾道市の玄関口である。現在、北側には山陽新幹線の新尾道駅が開業しているが、市中心部から離れているため、山陽本線経由でこの尾道駅を利用する観光客も多い。尾道駅も広島、福山駅など、広島県内の主要駅と同様、山陽鉄道時代に暫定的な終着駅として開業した歴史をもつ。1891（明治24）年11月3日に開業し、1892（明治25）年7月20日に三原（現・糸崎）駅まで延伸して中間駅となった。山陽鉄道時代には、尾道（港）と四国側の多度津（港）を結ぶ連絡航路も存在した。現在の尾道駅は、単式1面1線、島式1面2線を合わせた、2面3線のホームを有する地上駅である。駅舎は北口、南口側に存在し、国道2号が通る港側の南口がメインの玄関口である。なお、観光名所である千光寺、尾道市役所などは駅の東側に存在する。

三原駅は呉線との接続駅であり、ここから山陽本線は、瀬戸内海から離れた山（北）側を進むこととなる。この三原駅は1894（明治27）年6月10日に開業した二代目で、初代の三原駅は、1892（明治25）年7月20日に開業した現在の糸崎駅である。三原駅は、福山駅、広島駅と並ぶ山陽新幹線との接続駅となっている。現在の

広島駅を発車した80系の普通列車。先頭は正面3枚窓の初期型車だ。広島地区では山陽本線の電化進展と共に集められた80系電車が、昭和50年代の半ばまで活躍。瀬戸内沿いの鉄路を長編成で駆け抜けた。◎1975年1月26日　撮影：荒川好夫(RGG)

広島駅を発車する153系の急行「山陽」。運転区間は岡山～広島、下関間と広島～下関間に設定されていた末期の姿だ。背後には3月の開業を前に完成した山陽新幹線のホームが建つ。◎広島駅　1975年1月26日　撮影：荒川好夫(RGG)

駅の構造は、在来線が島式ホーム2面4線の地上駅、新幹線が相対式ホーム2面2線の高架駅となっている。山陽本線が再び海側に出るのは、西側で呉線と接続する海田市駅で、この駅は海田町に存在するが、すぐ西側は広島市内であり、安芸区役所が置かれている。

　山陽本線には、まだまだ紹介すべき駅は多いが、忘れてはならないのは、世界遺産に登録され、日本三景のひとつとしても知られる厳島神社（宮島）の玄関口である宮島口駅である。宮島口駅は、廿日市市宮島口1丁目に置かれている。この駅は、1897（明治30）年9月25日の広島～徳山間の延伸時に開業し、当時の駅名は「宮島」であった。この年、広島市在住の実業家である早速勝三が開いた宮島航路（宮島連絡船）は、1903（明治36）年5月8日に山陽鉄道が買収して鉄道連絡船としたことにより、その後も国鉄、JRが引き継ぐ形で運営している。

　1942（昭和17）年4月1日、現在の駅名である「宮島口」に改称した。現在使用されている駅舎は、1964（昭和39）年から使用されており、駅の構造は単式1面1線、島式1面2線を合わせた2面3線のホームを有する地上駅である。宮島街道（国道2号）を渡った海（東）側に、宮島航路の宮島口駅が存在する。また、広島電鉄宮島線の終着駅である、広電宮島口駅も置かれている。

夜行列車が全盛だった昭和期。未明から明け方に掛けての広島駅では、東京と九州を結ぶ下り寝台特急が分刻みで発着して行った。まだ明けやらぬホームで長崎、熊本行きの特急「みずほ」が小休止を取っていた。◎広島駅　1986年8月24日　撮影：高木英二（RGG）

山陽本線瀬野～八本松間はに八本松方へ向かって上り勾配が続く交通の難所である。客車列車、電車でも長らく補機を必要とした。EF58が牽引する旧型客車で編成を仕立てた急行列車の最後尾には、セノハチの補機専用機関車EF59の姿があった。◎1975年2月9日　撮影：林嶢

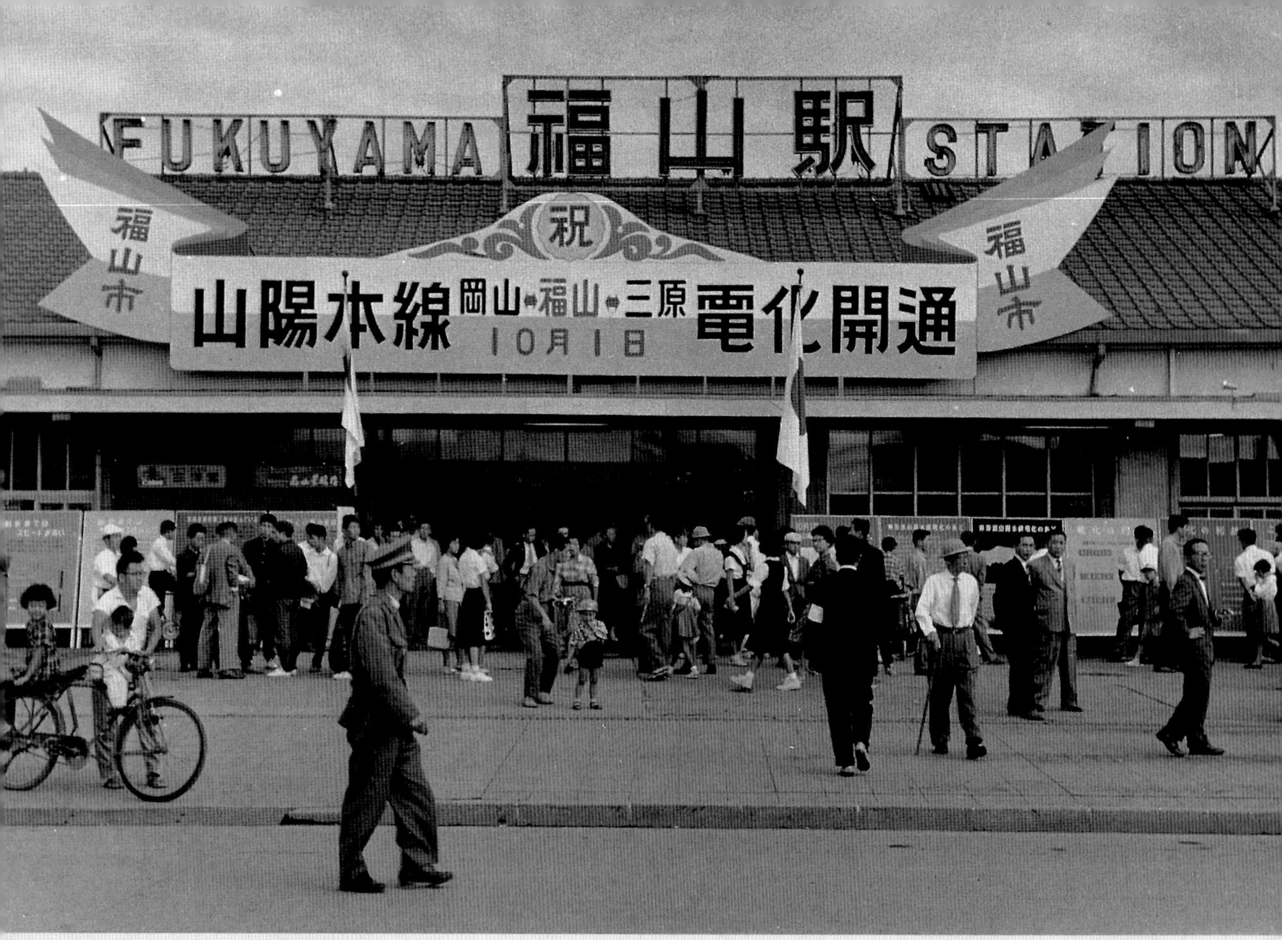

地上駅時代の福山駅舎が電化開業を祝う装飾看板で飾られた。駅には新型の電車を一目見ようとたくさんの人が出入りする。山陽本線の岡山～三原間が電化されたのは1961年10月1日だった。◎提供：福山市

国道2号線が線路に沿って続く、山陽本線尾道～糸崎間を行く特急「かもめ」。1953年になると第二次世界大戦後の山陽本線に特急列車が復活した。列車編成は時の新鋭であった10系客車で占められている。C62が誇らしげに白煙をたなびかせて進む。◎1961年3月10日　撮影：林 嶢

時計の針が正午を指す頃、隣駅の尾道を出発して来た下り特急「かもめ」が糸崎駅を通過する。山陽本線内は1964年に全線電化が完成していた。しかし、九州島内の非電化路線まで足を延ばす当列車には、気動車のキハ82系が充当された。◎1963年3月2日　撮影：荻原二郎

市内の浮城東通り沿いに建つ山陽本線三原駅。構内の北側に石垣等が残る三原城址がある。駅前には石垣と市の名物であるタコを描いた広告塔が立つ。山陽新幹線の駅が開業する前の駅舎は、鉄筋コンクリート造りの建物としては小ぢんまりとしている。◎1964年7月12日　撮影：荻原二郎

尾道周辺では本州と向島の間に瀬戸内海が水面を湛え、狭い海峡の様相を呈する。向島方にも家並や船舶があり、人の暮らしを垣間見せる。国道2号線と並行して海岸線を走る山陽本線に、80系の下り普通列車がやって来た。
◎松永～尾道　1970年8月23日　撮影：荒川好夫（RGG）

駅前のバスにボンネットスタイルのものが目立つ情景は昭和20年代の広島駅界隈。道は未舗装ながらも人影は絶えず、家並の向うでは工場の煙突が煙を上げる。原子爆弾の投下で、「長年に亘り、草木も生えないだろう」と目された広島は、力強く復興への道を歩んでいた。◎1952年　提供：広島市公文書館（広報課撮影）

南口に建つ地上駅舎は、昭和30年代末に駅ビルへ建て替えられることとなった。取り壊された旧駅舎の跡地に足場が組まれ、建設作業が始まろうとしている。出入り口付近にはホームへ続く通路が確保された模様だ。また駅前では、日本食堂が仮店舗で営業している。◎1964年　提供：広島市公文書館（広報課撮影）

広島駅前の東方に続く一画は、長年にわたって歩道に上屋を設置した商店街があった。路面電車の背後に重なるパチンコ店の看板が目を惹く。広島電鉄電停の至近にあり、個人商店が軒を連ねていた通りは現在、大型商業施設の「EKI CITY HIROSHIMA」へ変貌を遂げた。◎1963年　提供：広島市公文書館（広報課撮影）

山陽新幹線開業後の広島駅を東方上空から望む。新幹線ホームには2本の0系が顔を覗かせる。1947年に開設された当時は閑散としていた北口付近。しかし、駅前には大規模なロータリーが整備され、山手へ向かって住宅地が広がっている様子を見て取れる。◎1978年　提供：広島市公文書館（広報課撮影）

山陽本線本郷駅西方には、谷間の狭い場所ながらも沿線に田園風景が広がる。緑の水田を横切る低い築堤を、湘南色を纏う6両編成の113系が走る。先頭車は大きな前照灯を装備した初期型車だ。◎本郷～河内　1971年8月1日　撮影：荒川好夫(RGG)

大阪～大分間、岡山～宮崎間と九州東部へ向かう昼行列車として、山陽路を行き交っていた481系特急「みどり」。山陽本線は三原～広島間で海岸線から離れる。本郷～河内間は沼田川沿いの山間区間だ。◎本郷～河内　1971年8月1日　撮影：荒川好夫(RGG)

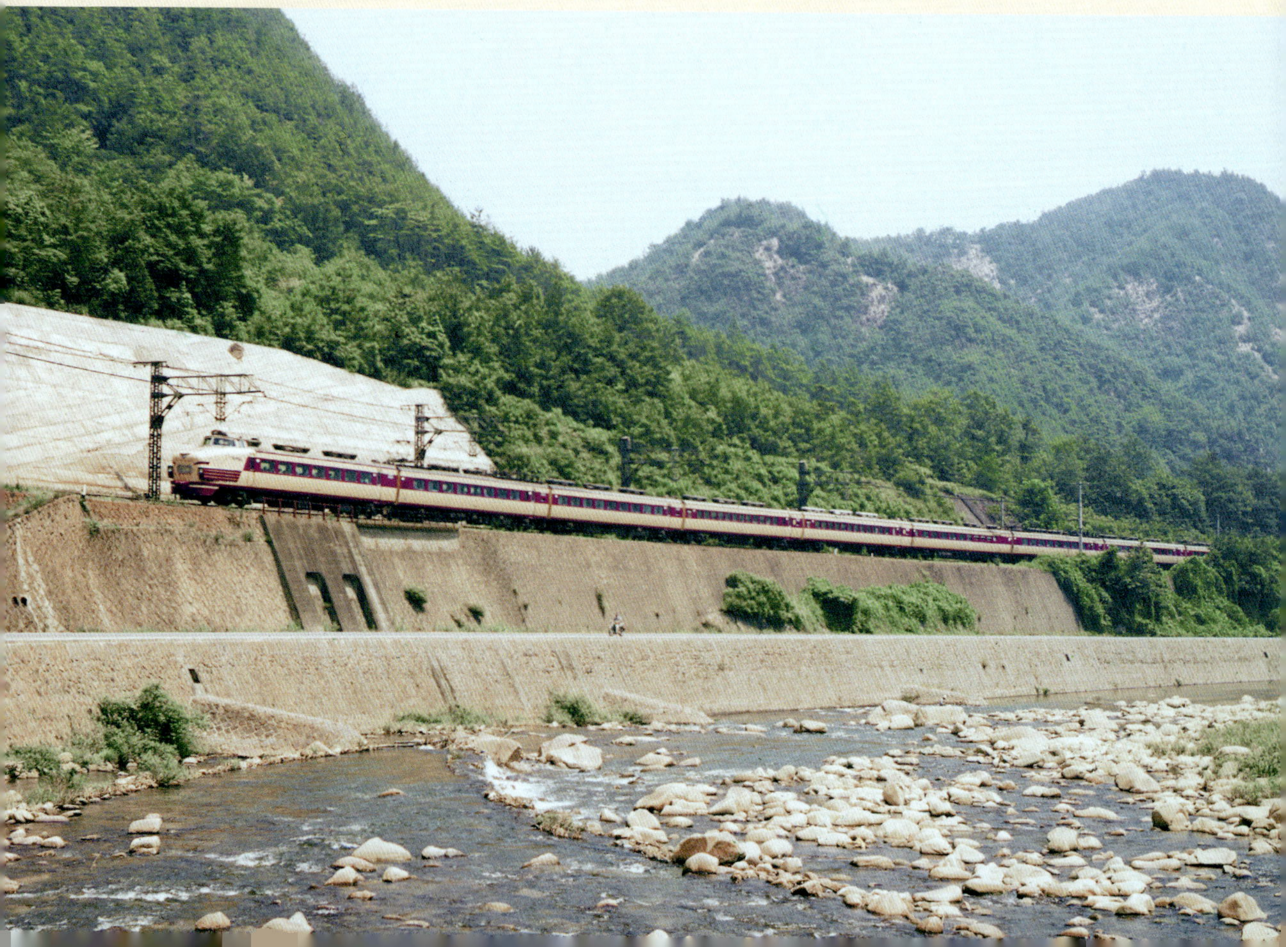

白地に濃い茶色と青の帯を巻いた塗装は、広島地区で体質改善化工事を施行された近郊型電車へ施された。115系2000番台車の4両編成が、山陽本線の沿線で里山区間となる白市 - 西高屋間を行く。◎白市～西高屋　2000年1月16日　撮影：荒川好夫(RGG)

春爛漫の山陽本線廿日市に停車する115系。国鉄時代末期の広島地区では、山陽本線で使用する電車の編成を4～6両に短縮し、運転本数を増便する「広島シティ電車」構想を導入した。◎1984年4月14日　撮影：高木英二(RGG)

山陽新幹線が岡山まで開業した後も、大阪～博多間を結ぶ昼行、夜行列車として存続した475系急行「つくし」。山陽本線の難所、瀬野～八本松間で瀬野川沿いの狭い鉄道敷地内に、複線用の片持ち架線柱が建つ区間を行く。◎瀬野～八本松　1974年12月　撮影：河野豊(RGG)

ひろでんビルより、山陽本線己斐（現・西広島）駅付近を俯瞰する。平和大通りの西端部に位置する旧国鉄駅は、住宅街の中で袋小路になった場所に位置している。駅前は小ぢんまりとした広さだ。方向転換を待っているのか、路線バスが駅前広場手前に停まっている。◎1966年　提供：広島市公文書館（広報課撮影）

路面軌道の本線と鉄道線の宮島線が連絡する広島電鉄の広電西広島駅。足元から街中へ延びる複線の線路が宮島線だ。構内の外れには路面用の車両が留め置かれている。両路線は1962年から直通運転を実施し、大柄な連接電車等が当駅を介して往来している。◎1966年　提供：広島市公文書館（広報課撮影）

横川町と可部町の15キロメートル区間を結ぶ乗り合いバスが1905（明治38）年より運行を開始した。拠点であった横川駅は乗り合いバス発祥の地とされている。バスの法定義の1つは定員が11人以上であること。駅前に初代の運行系統を引き継ぐボンネットバスが停まる。◎1961年8月15日　撮影：明田弘司

太田川の中州に広がる横川町は広島駅の隣駅でありながら、駅を中心として市の中心部とは橋で連絡する独自の街並を形づくってきた。当駅の至近には、広島電鉄横川線の電停がある。市内の郊外を走る山陽本線よりも、繁華街へ向かうには広電の利用が便利だ。◎1961年8月15日　撮影：明田弘司

東海道本線の沿線にあり、優等列車を牽引する機関車が多く在籍した宮原機関区所属のEF5848号機が、荷物列車を牽引して西広島～横川間を行く。同機は更新化時に前面窓が大窓から白Hゴム支持の小窓になった。◎西広島～横川　1982年12月7日　撮影：森嶋孝司(RGG)

トンネルの出入り口付近で上下線が若干離れている、山陽本線白市～西高屋間を行く115系。「広島シティ電車」用に登場した3000番台は、従来の115系とは大きく異なる2枚扉と2連の客室窓を備えていた。◎2000年1月16日　撮影：荒川好夫(RGG)

旧国鉄時代より、山陽本線等の広島口では地元のプロ野球球団「広島東洋カープ」の公式戦開催日に併せて、観客輸送の便を図る臨時列車「赤ヘル号」を運転していた。湘南色の115系が専用ヘッドマークを掲出する◎広島駅　1985年5月28日　撮影：荒川好夫（RGG）

宮島口付近より西側で、山陽本線は瀬戸内の海岸線を通る。しかし、海辺まで山の稜線が迫る区間が多く、線路と国道は並行して狭い平地部分に続く。宮島口～大野浦間のトンネル東方には前空駅が2000年に新設された。◎113系　宮島口～大野浦　1983年6月6日　撮影：荒川好夫（RGG）

次頁へつゞ

線）

姫路——岩国（下り）

駅名	鹿児島	上郡	広島	岩国	小郡	播州赤穂	徳山	広島宇野	三原	岩国	宇野	鹿児島	日生	糸崎	宇野	日生	糸崎	上郡
列車番号	43	933	233	427	235	721	521	305	429	237	241	221	727	113	243	729	239	927
始発	東京 1 45	大阪 8 20	大阪 9 20	…	大阪 10 20	…	…	京都 1130	…	京都 12 30	大阪 1420	京都 14 25	…	沼津 600	大阪 1725	…	大阪 1745	三ノ宮 19 24
姫路	0 34	10 41	11 28		12 36	13 00		1406		15 44	1635	17 31	1741	1820	1906	1909	1955	20 51
英賀	レ	10 51	11 35	2.3	12 44	13 06	2.3	レ	2.3	15 52	1643	17 38	1747	1829	レ	1915	2002	21 01
網干	2.3 急行	11 02	11 43	…	12 54	13 14	…	2.3 準急	…	16 00	1652	17 47	1755	1837	2.3	1923	2009	21 12
竜野		11 12	11 51	…	13 03	13 22	…		…	16 10	1701	17 57	1803	1847	レ	1931	2017	21 23
相生		11 20	11 59	…	13 12	13 29	…	1427	…	16 19	1709	18 04	1810	1855	1925	1938	2024	21 38
有年	(さつま)	11 35	12 10	…	13 24	播州赤穂 13 50	…	レ	…	16 32	1722	18 17	日生 1846	1906	レ	日生 2013	2035	21 53
上郡		11 47	12 20	…	13 33		…	レ	…	16 45	1734	18 29		1916	1940		2046	22 05
三石			12 38	…	13 52		…	レ	…	17 05	1754	18 48	…	1936	レ	…	2103	
吉永		…	12 45	…	14 00		…	レ	…	17 14	1802	18 56	…	1943	レ	…	2111	…
和気		…	12 53	…	14 07	…	…	1509	…	17 22	1809	19 04	…	1951	2007	…	2118	…
熊山	(東京博多)	…	12 59	…	14 14	…	…	レ	…	17 28	1816	19 11		1957	レ	…	2125	…
万富		…	13 05	…	14 20	…	…	レ	…	17 37	1823	19 18	2.3	2004	レ	…	2131	…
瀬戸		…	13 12	…	14 27	…	…	レ	…	17 45	1830	19 26	…	2010	2022	…	2137	…
西大		…	13 21	…	14 37	…	…	レ	…	17 55	1841	19 36	…	2019	レ	…	2146	…
岡山	2 10	…	13 30	…	14 46	…	…	1536	…	18 05	1851	19 45	…	2029	2038	…	2155	…
	2 20	…	13 38	…	15 05	…	宇野 1634	1542	1740	18 20	1902	20 00	…	2100	2046	…	2210	…
庭瀬	レ	…	13 46	…	15 14	…		レ	1749	18 30	宇野 1959	20 09	…	2109	宇野 2130	…	2218	…
中庄	レ	…	13 53	…	15 21	…		レ	1756	18 38		20 16	…	2116		…	2225	…
倉敷	2 37	…	13 59	…	15 27	…	(岡山宇野間 準急 505)	1559	1803	18 45	2.3	20 22	…	2123	…	…	2231	…
	2 38	…	14 01	…	15 29	…		1600	1805	18 47	…	20 24	…	2125	…	…	2233	…
西阿	レ	…	14 07	…	15 35	…		レ	1811	18 54	…	20 30	…	2131	…	…	2239	…
玉島		…	14 14	…	15 43	…		1611	1819	19 02	…	20 38	…	2139	…	…	2246	…
金光		…	14 21	…	15 52	…		1619	1827	19 10	…	20 47	…	2147	…	…	2253	…
鴨方		…	14 27	…	15 58	…		レ	1834	19 17	…	20 53	…	2153	…	…	2259	…
里庄	(東京博多間)	…	14 33	…	16 05	…	…	レ	1840	19 24	…	21 00	…	2200	…	…	2305	…
笠岡		…	14 40	…	16 13	…	…	1636	1847	19 32	…	21 08	…	2207	…	…	2311	…
大門		…	14 48	…	16 22	…	…	レ	1856	19 41	…	21 18	…	2215	…	…	2320	…
福山	3 20	…	14 57	…	16 31	…	…	1651	1904	19 51	…	21 27	…	2224	…	…	2328	…
	3 22	…	14 58	…	16 33	…	…	1653	1906	19 53	…	21 30	…	2226	…	…	2329	…
赤坂	レ	…	15 06	…	16 42	…	…	レ	1914	20 01	…	21 39	…	2234	…	…	2337	…
松永	レ	…	15 13	…	16 50	…	…	1705	1921	20 10	…	21 48	…	2242	…	…	2344	…
尾道	3 42	…	15 25	…	17 02	…	…	1719	1933	20 23	…	22 01	…	2254	…	…	2355	…
糸崎	3 54	…	15 36	…	17 13	…	…	1730	1944	20 34	…	22 13	…	2306	…	…	006	…
	4 05	…	15 49	16 47	17 33	…	718	1740	1955	20 48	…	22 23	…	…	…	…	2.3	…
三原	レ	柳井行	15 55	16 53	17 40	…	725	1746	2000	20 54	…	22 29	…	…	…	…	…	…
本郷	レ		(呉線経由)	17 05	17 52	…	(呉線経由)	(呉線経由)		21 05	…	22 43	…	…	…	…	…	…
河内				17 24	18 14	…			…	21 24	…	23 06	…	…	…	…	…	…
入野		333		17 33	18 23	…			…	21 33	…	23 16	…	…	…	…	…	…
白市	レ	2.3		17 42	18 32	…			…	21 41	…	23 26	…	…	…	…	…	…
西高	レ	(広島柳井間)		17 50	18 40	…			…	21 48	…	23 35	…	…	…	…	…	…
西条	レ			17 58	18 48	…			…	21 55	…	23 43	…	…	…	…	…	…
八本	レ			18 07	18 58	…			…	22 03	…	23 53	…	…	…	…	…	…
瀬野	レ			18 21	19 11	…			…	22 16	…	0 06	…	…	…	…	…	…
中野	レ	宇品発 17 11		18 28	19 19	…			…	22 23	…	0 13	…	…	…	…	…	…
海田	レ		18 46	18 35	19 27	…	007	1941	…	22 29	…	0 20	…	…	…	…	…	…
向洋	レ		18 51	18 40	19 33	…	012	レ	…	22 34	…	0 25	…	…	…	…	…	…
広島	41	17 32	18 58	18 47	19 42	…	019	1950	…	22 41	…	0 32	…	…	…	…	…	…
	48	17 45	…	19 04	19 55	…	110	…	…	22 51	…	0 53	…	…	…	…	…	…
横川	レ	17 51	…	19 11	20 01	…	116	…	…	22 57	…	1 00	…	…	…	…	…	…
己斐	レ	17 57	…	19 17	20 07	…	122	…	…	23 02	…	1 07	…	…	…	…	…	…
五日	レ	18 06	…	19 25	20 15	…	130	…	…	23 10	…	1 15	…	…	…	…	…	…
廿日	レ	18 12	…	19 31	20 21	…	135	…	…	23 16	…	1 21	…	…	…	…	…	…
宮島	12	1820	…	19 40	20 29	…	144	…	…	23 24	…	1 30	…	…	…	…	…	…
大野	レ	1827	…	19 48	20 36	…	151	…	…	23 31	…	1 37	…	…	…	…	…	…
玖波	レ	1834	…	19 55	20 43	…	158	…	…	23 37	…	1 44	…	…	…	…	…	…
大竹	レ	1841	…	20 02	20 49	…	205	…	…	23 43	…	1 51	…	…	…	…	…	…
岩国	32	1848	…	20 09	20 56	…	213	…	…	23 51	…	1 59	…	…	…	…	…	…
小郡	38	柳井 1940	…	…	23 41	…	001	…	…	…	…	4 20	…	…	…	…	…	…
下関	12		…	…		…		…	…	…	…	6 41	…	…	…	…	…	…
門司	34	…	…	…	…	…	…	…	…	…	…	7 03	…	…	…	…	…	…
終着	46	…	…	…	…	…	…	…	…	…	…	19 55	…	…	…	…	…	…

（其2）（山陽本線）

駅名	熊本	佐世保	西鹿児島	熊本	宇野	水俣	鹿児島	博多	鹿児島	熊本(荷)	鳥栖(荷)
列車番号	31	33	35	201	245	223	37	3041	3201	45	47
始発	東京 10 00	東京 10 30	東京 11 00	京都 2010	大阪 2030	大阪 21 20	東京 13 00	東京 19 30	京都 21 40	東京 11 15	東京 23 45
姫路	21 13	21 45	22 25	2248	2252	23 33	23 50	7 50	0 32	2 25	15 01
英賀	レ	レ	レ	レ	2300	23 40	レ	レ	レ	2 33	レ
網干	2.3 急行	2.3 急行	2.3 急行	2.3 急行	2309	23 48	2.3 急行	2.3 急行	2.3 急行	2 42	レ
竜野					2318	23 57				2 51	レ
相生	(阿蘇)	(西海)	(高千穂)	(天草)	2325	0 04	(霧島)		レ	2 58	レ
有年					2337	0 15			レ	レ	レ
上郡					2346	0 30		レ	レ	(荷物専用列車)	(荷物専用列車)
三石					レ	0 50		レ	レ		
吉永					2.3	0 59		レ	レ		
和気				レ	016	1 08		レ	レ		
熊山	レ	レ	(東京大分間)	レ	レ	2.3 (大阪八代間)	レ	レ	レ		
万富				レ	レ		レ	レ	レ		
瀬戸				レ	030		レ	レ	レ		
西大	レ	レ		レ	040		レ	レ	レ	レ	レ
岡山	22 39	23 07	23 45	010	050	1 38	1 16	9 18	1 56	4 07	16 32
	22 45	23 13	23 51	015	105	1 57	1 23	9 23	2 07	4 24	16 52
庭瀬	レ	レ	レ	レ	宇野 150	2 05	レ	レ	レ	レ	レ
中庄	レ	レ	レ	レ		2 12	レ	レ	レ	レ	レ
倉敷	23 01	23 29	レ	031	…	2 18	レ	9 40	レ	4 41	17 09
	23 02	23 30	レ	031	…	2 20		9 41	レ	4 51	17 14
西阿	レ	レ	レ	レ	…	2 26		レ	レ	レ	レ
玉島	レ				…	2 33	(東京博多間)	レ	レ	5 06	17 27
金光	レ				…	2 40		レ	レ	レ	レ
鴨方	レ			レ	…	2 46		レ	レ	レ	レ
里庄	レ	(東京博多間)	(東京大分間)	レ	…	レ		レ	レ	レ	レ
笠岡	23 29			レ	…	2 58	レ	レ	レ	5 31	17 48
大門	レ			レ	…	レ	レ	レ	レ	レ	レ
福山	23 45	0 08	0 44	109	…	3 12	2 16	10 19	2 58	5 47	18 04
	23 47	0 09	0 45	111	…	3 14	2 18	10 20	2 58	5 53	18 08
赤坂	レ	レ	レ	レ	…	レ	レ	レ	レ	レ	レ
松永	レ	レ	レ	レ	…	3 26	レ	レ	レ	6 10	18 23
尾道	0 08	0 30	1 07	132	…	3 39	2 40	10 40	3 18	6 28	18 39
糸崎	0 19	0 41	1 20	143	…	3 50	2 51	10 52	3 29	6 40	18 50
	0 24	0 46	1 25	148	…	3 58	2 56	11 00	3 34	6 53	18 57
三原	0 30	レ	レ	レ	…	4 03	レ	(東京発12月28日〜31日 1月3日〜10日運転)	(京都発12月24日〜31日 1月3日〜8日運転)	7 02	19 06
本郷	レ	レ	レ	レ	…	4 14	レ			レ	レ
河内	レ	レ	レ	レ	…	4 45	レ			レ	レ
入野	(筑豊本線経由)	レ	(日豊本線経由)	レ	…	4 53	レ			(荷物専用列車)	(荷物専用列車)
白市		レ		レ	…	5 02	レ				
西高		レ		レ	…	5 09	レ				
西条		レ		レ	…	5 16	レ				
八本		レ		レ	…	5 24	レ				
瀬野	レ	レ	レ	レ	…	5 37	レ				
中野	レ	レ	レ	レ	…	5 44	レ				
海田	レ	レ	レ	レ	…	5 50	レ			レ	レ
向洋	レ	レ	レ	レ	…	5 55	レ	レ	レ	レ	レ
広島	1 57	2 16	2 54	317	…	6 02	4 25	12 25	5 10	8 40	20 45
	2 03	2 22	3 00	322	…	6 09	4 30	12 35	5 16	8 55	20 58
横川	レ	レ	3 07	レ	…	6 14	レ	レ	レ	9 04	21 07
己斐	レ	レ	レ	レ	…	6 20	レ	レ	レ	9 11	21 16
五日	レ	レ	レ	レ	…	6 28	レ	レ	レ	レ	レ
廿日	レ	レ	レ	レ	…	6 34	レ	レ	レ	レ	レ
宮島	レ	レ	レ	レ	…	6 42	レ	12 58	レ	9 29	21 34
大野	レ	レ	レ	レ	…	6 49	レ	レ	レ	レ	レ
玖波	レ	レ	レ	レ	…	6 56	レ	レ	レ	レ	レ
大竹	レ	レ	レ	レ	…	7 02	レ	レ	レ	レ	レ
岩国	2 45	3 02	3 44	403	…	7 09	5 11	13 17	5 56	9 50	21 55
小郡	4 42	5 03	5 45	606	…	10 17	7 12	15 23	8 10	12 09	0 10
下関	6 01	6 25	7 10	738	…	12 09	8 31	16 42	9 31	13 50	1 42
門司	6 15	6 40	7 32	754	…	12 25	8 46	16 57	9 46	14 11	2 02
終着	10 35	11 06	18 28	1203	…	21 12	17 10	18 32	19 27	21 01	5 23

1956年11月改正時の山陽本線下り列車時刻表。昼行列車の白眉は特急「かもめ」は、1953年から運転され、京都〜博多間を結んでいた。

山陽本線の時刻表（1956年11月）

下り 山陽本線（姫路—岩国）（其1）

難読駅：英賀保（あがほ）網干（あぼし）有年（うね）金光（こんこう）向洋（むかいなだ）己斐（こい）玖波（くば）

31.11.19 改正　姫路 — 岩国　（下り）（其1）（山陽

粁程	駅名＼列車番号	247	39	203	307	7	329	421	423	405	211	831	213	425	215
	行先	宇野	長崎	長崎	広島	博多	門司	広島	広島	長崎	熊本	岡山	門司	三原	門司
東京から	始発	京都 21 00	東京 13 30	京都 22 10	大阪 23 15	東京 18 30	…	…	…	…	…	…	…	…	…
641.6	姫路 発	0 01	0 24	0 52	1 02	3 18	…	…	…	…	…	…	…	…	…
646.2	英賀保 〃	レ	レ	レ	レ	レ	…	…	…	…	…	…	…	…	…
651.9	網干 〃	2.3	2.3 急行	2.3 急行	2.3 準急	2.3 特急	…	…	…	…	…	…	…	…	…
657.8	竜野 〃	レ	(雲仙)	(玄海)		(あさかぜ)	…	…	…	…	…	…	…	…	…
662.3	相生 〃	0 23			1 22		…	…	…	…	…	…	…	…	…
669.9	有年 〃	レ			レ		…	…	…	…	…	…	…	…	…
676.4	上郡 〃	0 41			レ		…	…	…	…	…	…	…	…	…
689.2	三石 〃	レ			レ		…	…	…	…	…	…	…	…	…
696.3	吉永 〃	レ			レ		…	…	…	…	…	5 00	…	…	…
701.6	和気 〃	1 24		レ	2 04		…	…	…	…	…	5 08	…	…	…
												5 15			
706.2	熊山 〃	レ	レ	レ	レ	レ	…	…	…	…	…	5 21	…	…	…
710.3	万富 〃	1 37		レ	レ		…	…	…	…	…	5 27	…	…	…
714.8	瀬戸 〃	1 44		レ	レ		…	…	…	…	…	5 33	…	…	…
722.9	西大寺 〃	1 54	レ	レ	レ	レ	…	…	…	…	…	5 43	…	…	…
730.2	岡山 着	2 05	1 46	2 19	2 31	4 31	…	…	…	…	2.3	5 52	2.3	…	…
	岡山 発	2 15	1 52	2 26	2 39	4 34	…	…	…	…	5 12	(気)	6 00	7 00	…
736.7	庭瀬 〃	宇野 313	レ	レ	レ	レ	…	…	…	…	5 21	…	6 09	7 09	…
741.4	中庄 〃		レ	レ	レ	レ	…	…	…	…	5 28	…	6 15	7 16	…
746.1	倉敷 着	…	レ	レ	2 54	レ	…	…	…	…	5 34	…	6 22	7 23	…
	倉敷 発	…			2 56	レ	…	…	…	…	5 35	…	6 23	7 25	…
750.1	西阿知 〃	…			レ	レ	…	…	…	…	5 41	…	6 29	7 31	⌛
755.4	玉島 〃	…	(東京博多間)	(京都博多間)	3 07	レ	…	…	…	…	5 48	…	6 36	7 39	(大門糸崎間)
761.7	金光 〃	…			3 15	レ	…	…	…	…	5 56	…	6 44	7 47	
765.2	鴨方 〃	…			レ	レ	…	…	…	…	6 02	…	6 50	7 53	
769.2	里庄 〃	…	レ	レ	レ	レ	…	…	…	…	6 09	…	6 56	8 00	
773.9	笠岡 〃	…	レ	レ	3 30	レ	…	…	…	…	6 16	…	7 02	8 07	2.3
781.0	大門 〃	…	レ	レ	レ	レ	…	…	…	…	6 25	…	7 13	8 16	8 38
788.5	福山 着	…	2 43	3 25	3 44	5 21	…	…	…	…	6 34	…	7 23	8 24	8 51
	福山 発	…	2 45	3 27	3 46	5 22	…	…	…	…	6 35	…	7 25	8 26	8 56
794.3	備後赤坂 〃	…	レ	レ	レ	レ	…	…	…	…	6 43	…	7 33	8 34	9 06
799.2	松永 〃	…	レ	レ	3 58	レ	…	…	…	…	6 51	…	7 41	8 42	9 16
808.6	尾道 〃	…	3 06	3 53	4 10	レ	…	…	…	…	7 03	…	7 53	8 54	9 33
817.7	糸崎 着	…	3 17	4 04	4 22	レ	…	2.3	…	…	7 14	…	8 04	9 05	9 49
	糸崎 発	…	3 22	4 10	4 27	レ	…	5 30	6 07	…	7 20	…	8 19	9 15	10 16
820.1	三原 〃	…	レ	レ	4 33	レ	…	5 35	6 12	…	7 27	…	8 26	9 20	10 22
830.2	本郷 〃	…	レ	レ	(呉線経由)	レ	…	5 47	6 24	…	7 38	…	8 37		(呉線経由)
842.5	河内 〃	…	レ	(佐世保線経由)		レ	…	6 16	6 46	…	7 57	…	8 56	…	
846.9	入野 〃	…	レ			レ	…	6 27	6 55	…	8 06	…	9 05	…	
851.3	白市 〃	…	レ			レ	…	6 37	7 04	…	8 14	…	9 13	徳山行	
855.7	西高屋 〃	…	レ			レ	…	6 45	7 12	…	8 22	…	9 21		
860.3	西条 〃	…	レ			レ	6 35	6 52	7 19	…	8 28	…	9 28		
866.3	八本松 〃	…	レ			レ	6 44	7 02	7 29	…	8 37	…	9 36	343	
876.9	瀬野 〃	…	レ			レ	6 57	7 16	7 43	(佐世保線経由)	8 52	…	9 49	(気)	
881.8	安芸中野 〃	…	レ	レ		レ	7 04	7 23	7 50		9 00	…	9 56	(岩徳線経由)	
885.7	海田市 〃	…	レ	レ	6 40	レ	7 12	7 31	7 58		9 09	…	10 03		13 03
888.0	向洋 〃	…	レ	レ	レ	レ	7 18	7 37	8 04		9 15	…	10 08		13 08
892.1	広島 着	…	4 58	5 41	6 50	7 03	7 25	7 45	8 12		9 23	…	10 15		13 15
	広島 発	…	5 04	5 48	…	7 08	7 33	…	…	8 35	9 39	…	10 45	11 27	13 45
895.1	横川 〃	…	レ	レ	…	レ	7 40	…	…	8 41	9 46	…	10 54	11 32	13 52
897.6	己斐 〃	…	レ	レ	…	レ	7 47	…	…	8 46	9 52	…	11 00	11 37	13 59
904.2	五日市 〃	…	レ	レ	…	レ	7 56	…	…	2.3	10 01	…	11 09	レ	14 07
907.6	廿日市 〃	…	レ	レ	…	レ	8 02	…	…	準急	10 07	…	11 15	レ	14 13
913.9	宮島口 〃	…	5 28	6 12	…	レ	8 10	…	…	9 04	10 18	…	11 25	11 53	14 22
918.8	大野浦 〃	…	レ	レ	…	レ	8 18	…	…	レ	10 26	…	11 33	レ	14 30
923.8	玖波 〃	…	レ	レ	…	レ	8 25	…	…	レ	10 33	…	11 41	レ	14 37
928.2	大竹 〃	…	レ	レ	…	レ	8 32	…	…	9 20	10 40	…	11 48	12 08	14 43
933.5	岩国 着	…	5 48	6 32	…	レ	8 39	…	…	9 27	10 48	…	11 56	12 14	14 51
1,024.9	小郡 着	…	8 00	8 44	…	9 26	11 48	…	…	11 40	14 01	…	14 57	徳山 1327	18 19
1,093.8	25-27 下関 〃	…	9 21	10 00	…	10 31	13 12	…	…	13 09	16 00	…	16 58		20 30
1,100.1	門司 〃	…	9 35	10 20	…	10 43	14 01	…	…	13 25	16 25	…	17 14	…	20 50
	終着	…	14 38	16 02	…	11 55	…	…	…	19 41	23 02	…	…	…	…

駅名＼列車番号	217	229	713	231	111	715	41	21	23	219
行先	門司	岡山	日生	広島	門司	播州赤穂	博多	広島	宇野	門司
始発	2.3	…	…	三ノ宮 5 30	東京 14 20	…	東京 20 30	東京 20 45	東京 21 15	大阪 7 30
姫路 発	5 27	6 00	6 48	6 59	7 57	8 30	8 58	9 10	9 49	9 53
英賀保 〃	5 34	6 07	6 55	7 06	8 04	8 36	レ	レ	レ	10 00
網干 〃	5 42	6 15	7 04	7 13	8 12	8 44	2.3 急行	2.3 急行	2.3 急行	10 08
竜野 〃	5 50	6 23	7 14	7 22	8 20	8 52	(筑紫)		(瀬戸)	10 16
相生 〃	5 58	6 31	7 35	7 29	8 28	9 00		9 31		10 23
有年 〃	6 09	6 42	日生 8 31	7 39	8 39	播州赤穂 9 19		レ		10 33
上郡 〃	6 18	6 53		7 48	8 48			(安芸)		10 42
三石 〃	6 37	7 13	…	8 06	9 07					11 00
吉永 〃	6 45	7 21	…	8 14	9 15					11 08
和気 〃	6 52	7 29	…	8 22	9 23	…			10 47	11 24
熊山 〃	6 59	7 36	…	8 29	9 29	…	レ		レ	11 31
万富 〃	7 06	7 43	…	8 35	9 36			レ		11 38
瀬戸 〃	7 13	7 51	…	8 42	9 42	2.3		レ		11 45
西大寺 〃	7 23	8 01	…	8 52	9 52	…	レ	レ	レ	11 54
岡山 着	7 32	8 10	…	9 01	10 01	…	10 20	10 37	11 14	12 03
岡山 発	7 46	…		9 13	10 14	…	10 27	10 45	11 21	12 25
庭瀬 〃	7 55	…	2.3	9 22	10 23	…	レ	レ	宇野 1203	12 36
中庄 〃	8 02	…	(広島岡山間)	9 29	10 30	…	レ	レ		12 44
倉敷 着	8 09	…		9 36	10 37	…	10 43	11 02	…	12 51
倉敷 発	8 11	…		9 38	10 48	…	10 44	11 03	…	12 54
西阿知 〃	8 17	…		9 44	10 55	…	レ	レ		13 00
玉島 〃	8 25	…	…	9 52	11 03	…	レ	11 14	2.3	13 08
金光 〃	8 33	…	…	10 01	11 11	…	レ		…	13 16
鴨方 〃	8 40	…	…	10 08	11 17	…	レ		…	13 22
里庄 〃	8 47	…	…	10 14	11 24	…	レ	レ	…	13 28
笠岡 〃	8 55	…	…	10 22	11 40	…	レ	11 36	…	13 35
大門 〃	9 04	…	…	10 31	11 49	…	レ	レ	…	13 44
福山 着	9 13	…	…	10 40	11 58	…	11 22	11 51	…	13 52
福山 発	9 15	…	…	10 42	12 00	…	11 23	11 52	…	13 54
備後赤坂 〃	9 23	…	…	10 50	12 08	…	レ	レ	…	14 02
松永 〃	9 31	…	…	10 58	12 16	…	レ	レ	…	14 09
尾道 〃	9 43	…	…	11 11	12 29	…	11 44	12 13	…	14 22
糸崎 着	9 54	…	…	11 22	12 40	…	11 55	12 25	…	14 33
糸崎 発	10 06	…	…	11 29	12 45	…	12 01	12 32	…	14 53
三原 〃	10 12	…	…	11 35	12 51	…	レ	12 38	…	14 59
本郷 〃	10 23	…	…	11 46	13 02	…	レ	(呉線経由)	…	15 12
河内 〃	10 42	…	…	12 05	13 33	…	レ		…	15 31
入野 〃	10 51	…	…	12 14	13 43	…	レ		…	15 40
白市 〃	10 59	…	…	12 22	13 53	…	レ		…	15 48
西高屋 〃	11 07	…	…	12 30	14 03	…	レ		…	15 56
西条 〃	11 14	…	…	12 37	14 12	…	レ		…	16 03
八本松 〃	11 22	…	…	12 45	14 23	…	レ		…	16 11
瀬野 〃	11 35	…	…	12 58	14 37	小郡行	レ		…	16 24
安芸中野 〃	11 42	…	…	13 05	14 45		レ		…	16 31
海田市 〃	11 49	…	…	13 12	14 53		レ	レ	…	16 38
向洋 〃	11 55	…	…	13 17	14 59	315	レ	レ	…	16 44
広島 着	12 02	…	…	13 24	15 06	(気)	13 32	14 40	…	16 51
広島 発	12 15	…	…	…	15 27	16 49	13 38	…	…	17 17
横川 〃	12 22	…	…	…	15 34	16 55	レ	…	…	17 24
己斐 〃	12 28	…	…	…	15 40	17 02	レ	…	…	17 31
五日市 〃	12 36	…	…	…	15 49	レ	レ	…	…	17 39
廿日市 〃	12 41	…	…	…	15 55	レ	レ	…	…	17 45
宮島口 〃	12 51	…	…	…	16 03	17 21	14 02	…	…	17 54
大野浦 〃	12 58	…	…	…	16 22	レ	レ	…	…	18 02
玖波 〃	13 05	…	…	…	16 30	レ	レ	…	…	18 09
大竹 〃	13 12	…	…	…	16 40	17 37	レ	…	…	18 16
岩国 着	13 20	…	…	…	16 48	17 43	14 22	…	…	18 24
小郡 着	16 50	…	…	…	19 57	20 05	16 28	…	…	21 22
下関 〃	18 46	…	…	…	21 45		18 01	…	…	23 00
門司 〃	19 05	…		…	22 02	…	18 15	…	…	23 17
終着	…	…	…	…	…	…	19 45	…	…	…

駅名	307	911	611	913	915	613	917	615	919	215	617	21	619	921	233	621	305	623	625	641	
発	大阪 23 15	…	…	…	…	…	…	…	…	大門 8 38	2.3	東京 20 45	…	…	大阪 9 20	…	京都 11 30	…	…	…	…
糸崎 発	4 27	…	…	…	…	5 21	…	7 35		10 16	11 34	12 32	14 00	…	15 49	17 18	17 40	19 10	20 56	…	…
三原 〃	4 33	…	(広島宇品間)	…	…	5 26	…	7 41	2.3	10 22	11 39	12 38	14 05	…	15 55	17 25	17 46	19 16	21 03	…	…
須波 〃	レ	…		…	…	5 34	…	7 48	…	10 29	11 46	レ	14 12	…	16 03	17 32	レ	19 27	21 10	…	…
安芸幸崎 〃	レ	…		…	…	5 44	…	7 57	…	10 37	11 59	レ	14 21	…	16 16	17 41	レ	19 36	21 18	…	…
忠海 〃	4 54	…	⌛	…	…	5 56	…	8 08	…	10 46	12 09	レ	14 29	…	16 29	17 51	18 07	19 45	21 26	…	…
竹乗 〃	レ	…		…	…	6 05	…	8 16	…	10 56	12 17	レ	14 36	…	16 36	17 58	レ	19 52	21 33	…	…
大原 〃	5 06	…	5 21	…	…	6 14	…	8 23	…	11 04	12 27	13 06	14 43	…	16 42	18 05	18 19	19 58	21 39	…	…
吉名 〃	レ	…	5 28	…	…	6 32	…	8 31	…	11 12	12 35	レ	14 50	…	16 49	18 13	レ	20 08		…	…
安芸津 〃	2.3	…	5 38	…	…	6 42	…	8 43	…	11 25	12 46	2.3	15 00	…	16 59	18 23	2.3	20 19	…	…	…
風早 〃	準急	…	5 43	(広島宇品間)	…	6 48	…	8 52	…	11 31	12 52	急行	15 06	…	17 05	18 29	準急	20 26	…	…	…
安浦 〃	レ	…	5 52		…	6 59	…	9 02	…	11 40	13 02	(安芸)	15 16	…	17 17	18 46	レ	20 35	…	…	…
安登 〃	レ	…	6 01		…	7 09	…	9 11	…	11 50	13 12		15 34	…	17 27	18 55	レ	20 44	…	…	…
安芸川尻 〃	レ	…	6 08	⌛	…	7 17	7 54	9 17	…	11 56	13 20		15 41	…	17 34	19 02	レ	20 51	…	(気)	…
仁方 〃	5 47	…	6 15		…	7 26	8 04	9 25	…	12 04	13 28	13 46	15 49	…	17 44	19 09	レ	20 59	…	22 22	…
広 〃	5 53	6 01	6 28	6 43	7 05	7 35	8 12	9 31	10 55	12 10	13 39		15 55	17 06	17 51	19 16	19 03	21 06	…	22 28	…
安芸阿賀 〃	レ	6 07	6 34	6 49	7 14	7 41	8 19	9 37	11 03	12 16	13 45		16 01	17 12	17 57	19 22	レ	21 11	…	22 33	…
呉 着	6 04	6 15	6 41	6 56	7 21	7 49	8 26	9 44	11 11	12 22	13 52	14 00	16 08	17 19	18 03	19 29	19 13	21 18	…	22 39	…
呉 発	6 10	6 18	6 44	6 59	7 25	7 55	8 29	9 46	11 13	12 25	14 12	14 06	16 11	17 22	18 06	19 32	19 16	21 24	…	22 43	…
吉浦 〃	レ	6 26	6 51	7 06	7 32	8 04	8 37	9 53	11 21	12 32	14 19	レ	16 19	17 29	18 14	19 39	レ	21 31	…	22 50	…
天応 〃	レ	6 33	6 58	7 13	7 40	8 11	8 45	9 59	11 28	12 38	14 26	レ	16 26	17 37	18 21	19 45	レ	21 37	…	22 57	…
小屋浦 〃	レ	6 40	7 04	7 18	7 47	8 17	8 51	10 04	11 34	12 43	14 35		16 32	17 43	18 28	19 50	レ	21 43	…	23 02	…
坂 〃	レ	6 50	7 12	7 27	7 54	8 26	9 01	10 15	11 43	12 52	14 50		16 40	17 50	18 35	19 57	レ	21 50	…	23 09	…
矢野 〃	レ	6 57	7 19	7 33	8 00	8 32	9 08	10 23	11 49	12 57	14 56	レ	16 47	17 56	18 41	20 02	レ	21 56	…	23 14	…
海田市 〃	6 40	7 04	7 25	7 40	8 06	8 39	9 18	10 28	11 56	13 03	15 02	レ	16 55	18 02	18 46	20 07	19 41	22 02	…	23 19	…
向洋 〃	レ	7 11	7 31	7 47	8 12	8 44	9 25	10 33	12 01	13 08	15 08	レ	17 04	18 07	18 51	20 12	レ	22 07	…	23 24	…
広島 着	6 50	7 20	7 39	7 55	8 20	8 52	9 33	10 40	12 10	13 15	15 15	14 40	17 11	18 15	18 58	20 19	19 50	22 15	…	23 31	…

呉線の時刻表（1956年11月）

山陽本線の補充経路として建設された呉線の下り列車時刻表。東京を昨夜に出発した広島行きの急行「安芸」が、白昼の瀬戸内を走った。

福塩線

福山～府中間は両備軽便鉄道として開業

区間▼福山～塩町
駅数▼27駅
全通年月日▼1938（昭和13）年7月28日
路線距離▼78.0キロ
軌間▼1067ミリ
最高速度▼85キロ

三次市内東部の町塩町では、芸備線から福塩線が分岐する。昭和30年代の駅舎は、壁に板材が重ねられた純木造の佇まい。この駅舎は壁等が更新化されているものの、無人駅化された現在も形を留める。◎1962年7月1日　撮影：荻原二郎

福山城址から三階建ての高架構造となった福山駅構内を望む。城側へ張り出した2階部分の最も外側は福塩線ののりばである。路線色として濃い青色をまとった旧型国電の編成がクハ55を先頭に発車して行った。◎福山駅　1974年9月13日　撮影：荒川好夫（RGG）

広島県は、江戸時代まで存在した安芸、備後の両国を合わせたもので、備後（国）はもともと、吉備（国）の一部であった。この備後は福山、府中、庄原市など広島県東部にあたり、県東部の南北を結ぶ鉄道として建設されたのが現在の福塩線である。このうち、南側の路線は、前身である私鉄の両備鉄道として誕生している。この鉄道はもともと、両備軽便鉄道として設立され、1914（大正3）年7月21日に両備福山～府中町（現・府中）間で開業した。1926（大正15）年6月26日に社名を変更して両備鉄道となっている。

当初の社名の通り、軌間が762ミリの軽便鉄道として建設された路線では、蒸気機関車が牽引する列車が運転されていた。しかし、社名を変更して間もなく、1927（昭和2）年6月25日に電化されている。1933（昭和8）年9月1日に国有化されて福塩線となった（同年11月15日、福塩南線に変更）。この間、1930（昭和5）年11月14日には陸軍大演習に臨む昭和天皇のためのお召列車が運転されている。これは、軽便鉄道としては史上唯一のお召列車となった。

その後、1935（昭和10）年12月14日、横尾～府中町間を1067ミリに改軌、福山～横尾間を新線に代えて、全線が762ミリから1067ミリとなり、路線がそのままに福山駅へ乗り入れる形となった。このため、両備福山駅は廃止されている。

一方、北側にあたる府中駅以北の路線は、1933（昭和8）年11月15日に福塩北線として田幸（現・塩町）～吉舎間が開業し、1934（昭和9）年1月1日に田幸駅が塩町駅と駅名を変更した。1935（昭和10）年11月15日に吉舎～上下間が延伸した。そして、1938（昭和13）年7月28日に府中町～上下間が開通し、福塩南、北線を合わせて全通する形で福塩線となった。このとき、下

福山 ふくやま ……………… 0.0km
備後本庄 びんごほんじょう … 1.8km
横尾 よこお ………………… 6.1km
神辺 かんなべ ……………… 8.4km
湯田村 ゆだむら ………… 10.4km
道上 みちのうえ ………… 11.3km
万能倉 まなぐら ………… 13.4km
駅家 えきや ……………… 14.6km
近田 ちかた ……………… 16.0km
戸手 とで ………………… 17.0km
上戸手 かみとで ………… 18.8km
新市 しんいち …………… 20.0km
高木 たかぎ ……………… 21.7km
鵜飼 うかい ……………… 22.7km
府中 ふちゅう …………… 23.6km
下川辺 しもかわべ ……… 27.9km
中畑 なかはた …………… 31.8km
河佐 かわさ ……………… 34.9km
備後三川 びんごみかわ …… 42.4km
備後矢野 びんごやの …… 46.6km
上下 じょうげ …………… 50.3km
甲奴 こうぬ ……………… 54.7km
梶田 かじた ……………… 57.1km
備後安田 びんごやすだ …… 62.3km
吉舎 きさ ………………… 67.3km
三良坂 みらさか ………… 73.6km
塩町 しおまち …………… 78.0km

梶田駅の周辺は、上下川沿いに田畑が続く山里だ。水田に水が張られた春景色の中をキハ20などで組成された普通列車が行く。旧国鉄色が長閑な情景によく似合う。◎梶田～甲奴　1979年5月3日　撮影：安田就視

吉舎と書いて「きさ」と読む福塩線北部の小駅。福塩北線（現・福塩線）の終着駅として、1933年11月15日に開業した。同じ年に両備鉄道の両備福山～府中間が国有化された。◎1962年7月1日　撮影：荻原二郎

上下駅から国道号線とともに南下する福塩線は、備後三川駅付近から芦田川沿いに進行方向を東に振る。川沿いの鉄路はダム建設で1989年に八原田トンネル（6.1キロメートル）を経由する路線に変更された。◎1962年7月1日　撮影：荻原二郎

河辺駅など4つの新駅が開業している。

福塩線の終着駅である塩町駅は、三次市塩町に存在し、芸備線と接続している。駅の開業は、芸備鉄道時代の1930（昭和5）年4月22日で、田幸駅として開業。1933（昭和8）年6月1日、芸備鉄道の国有化により、庄原（現・芸備）線の駅となり、同年11月15日に福塩北線の田幸～吉舎間の開業により、接続駅となった。1934（昭和9）年1月1日に塩町駅（二代目）と改称、初代塩町駅は神杉駅と変わった。現在の塩町駅の構造は、島式ホーム1面2線の地上駅である。

駅のある三次市は、1954（昭和29）年に三次町、田幸村などが合併して市制が施行された。2004（平成16）年4月1日の「平成の大合併」により、吉舎町、三和町などと合併し、新しい三次市となっている。

沿線の主要駅のひとつが、府中市の玄関口である府中駅である。両備軽便鉄道時代の1914（大正3）年7月21日、府中町駅として開業、当初は終着駅であった。1935（昭和10）年12月14日、改軌にあたり現在地に移転。1938（昭和13）年7月28日、上下駅まで延伸し、途中駅となった。1956（昭和31）年12月20日、府中駅と駅名を改称した。現在の駅の構造は、単式、島式ホームなどを合わせた2面4線の地上駅である。駅に隣接する形で、両備鉄道時代からの車両基地である、府中電車区が置かれている。

この府中駅がある府中市は備後の国府が置かれていた場所で、江戸時代には福山藩が存在した。1896（明治29）年に府中町が誕生。1954（昭和29）年に周辺の村と合併して府中市が誕生した。

なお、広島県には安芸（国）の国府が置かれていた名残りとして、安芸郡に府中町が存在している。

大正時代に開業した両備軽便鉄道時代から路線内の拠点である府中駅。福塩線で電化、非電化路線の境界である。木造駅舎は上屋等が建て増しされたが、現在も建物自体は原形を留めている。◎1962年7月1日　撮影：荻原二郎

地方の直流電化路線用電車として製造された105系。製造初年度の1981年から福塩線に投入された。黄色に青帯を巻いた路線専用色のいで立ちで、70系などの旧型国電を置き換えた。◎道上～万能倉　1981年7月9日　撮影：大道政之（RGG）

かつては対向式ホーム2面2線の構内配線で、列車交換施設を備えていた福塩線戸手駅。電化路線とはいえ合理化のあおりを受け、ホーム1面分の線路を剥がされて棒線駅となった。◎所蔵：フォト・パブリッシング

福塩線の時刻表（1956年11月）

1956年当時の福塩線時刻表。列車の運転区間に対応して、福山と芸備線内の三次間で駅が表示されている。列車は府中を境に運用が分かれる。

31.11.19 改正　**福山—府中—三次**（福塩線）　└津山着2007　列車番号500台＝電

此他電車	501	915	521	917	531	919	549	粁程	駅名	500	912	914	518	916	此他電車	548
福　山発	534	927	1203	1420	1635	1725	2308	0.0	発⊖福　山着	532	721	957	1223	1440	福　山行	2250
府中町行	537	レ	1206	レ	1638	1729	2311	1.8	〃備後本庄発	528	717	ｲ	1220	ｲ	下川辺発	2246
657. 727	544	937	1214	1431	1647	1738	2318	6.1	〃横　尾〃	522	709	947	1213	1431	714. 746	2240
755.1007	548	943	1218	1437	1652	1744	2322	8.4	〃神　辺〃	518	704	943	1208	1426	938.1211	2236
1129.1246	551	948	1221	1441	1655	1748	2325	10.4	〃湯田村〃	514	659	938	1203	1421	1430.1625	2232
1550.1706	554	951	1224	1444	1658	1751	2328	11.3	〃道　上〃	512	656	935	1201	1418	1933	2230
1802.1900	558	955	1227	1449	1704	1756	2331	13.4	〃万能倉〃	509	652	930	1158	1414	府中町発	2227
1929.2017	600	959	1229	1452	1706	1759	2333	14.6	〃駅　家〃	507	649	927	1155	1410	537. 604	2225
2200	603	レ	1232	レ	1709	レ	2336	16.0	〃近　田〃	504	ｲ	ｲ	1152	ｲ	700. 819	2222
下川辺行	605	1004	1235	1459	1711	1805	2338	17.0	〃戸　手〃	502	643	922	1150	1405	1054.1300	2220
601. 627	609	1009	1238	1503	1715	1809	2342	18.8	〃上戸手〃	459	639	918	1147	1401	1534.1610	2217
838.1050	612	1013	1241	1507	1717	1813	2344	20.0	〃新　市〃	456	636	914	1144	1358	1709.1734	2214
1328.1507	615	レ	1244	レ	1720	レ	2347	21.7	〃高　木〃	453	ｲ	ｲ	1141	ｲ	1805.1830	2211
1830.2102	617	レ	1246	レ	1722	レ	2349	22.7	〃鵜　飼〃	451	ｲ	ｲ	1139	ｲ	1906.2030	2209
	620	1019	1248	1513	1725	1819	2352	23.6	着⊖府　中発	449	630	908	1137	1352	2120	2207

911	913	991		995		997		921	粁程	駅名	992			994		996	918	998	
…	…	635	1026	1256	1525	1738	1824	2019	23.6	発⊖府　中着	733	618	854	1114	1342	1703	1903	2107	2204
…	…	644	1033	1308	1533	1749	1832	2028	27.9	〃下川辺発	726	611	847	1107	1335	1656	1857	2100	2158
…	…	707	1047	1329	1548	1807	1848	2042	34.9	〃河　佐〃	711	601	836	1052	1325	1636	1847	2045	920
…	627	738	1106	1353	1608	1837	1906	2103	43.8	〃備後三川〃	649	548	822	1031	1312	1616	1830	2023	2151
…	636	753	1115	1404	1617	1851	1915	2112	48.0	〃備後矢野〃	637	541	814	1015	1306	1600	1823	2006	2145
523	650	812	1128	1422	1630	1935	1927	2124	51.7	〃上　下〃	625	535	807	1004	1259	1550	1817	1952	2138
530	658	823	1136	1431	1637	1946	本表の他塩町—三次芸備線86 87頁参照		56.1	〃甲　奴〃	606	…	757	947	1250	1535	1807	1925	2130
542	712	841	1147	1446	1649	2003			63.7	〃備後安田〃	546	…	742	928	1236	1515	1752	1905	2115
552	725	908	1158	1505	1659	2027			68.7	〃吉　舎〃	525	…	726	909	1221	1458	1738	1845	2101
602	736	923	1209	1518	1709	2049			75.0	〃三良坂〃	…	…	711	841	1208	1433	1725	1826	2048
610	745	933	1216	1528	1717	2102			79.4	〃塩　町〃	…	…	703	831	1159	1414	1718	1815	2041
613	749	941	1220	1534	1720	2108			80.9	〃神　杉〃	…	…	659	826	1155	1406	1711	1809	2035
619	756	951	1225	1543	1726	2115			84.2	〃八　次〃	…	…	652	818	1150	1356	1702	1800	2030
623	801	956	1229	1548	1730	2120			86.5	着⊖三　次発	…	…	647	812	1145	1347	1657	1753	2025

旧型国電で運行されていた福塩線の電化区間に、新製車105系が投入されたのは1981年2月だった。山陽路に登場して最初の春。車体と同じ色の菜の花に見送られて、長閑な福山市郊外の田園を行く。◎横尾～神辺　1981年4月17日　撮影：小川金治（RGG）

福塩線で福山市と府中市を結ぶ区間は電化されている。軌間762ミリメートルの軽便鉄道として大正時代に開業した都市間連絡路線は、1927(昭和2)年に直流750ボルトで電化された。写真はクモハ12014◎府中付近　1962年7月1日

芸備線

起源は私鉄の芸備鉄道。国鉄三神線と統合

区間▼備中神代～広島
駅数▼44駅
全通年月日▼1936（昭和11）年10月10日
路線距離▼159.1キロ
軌間▼1067ミリ
最高速度▼85キロ

芸備線の上川立界隈では山間部とはいえ、広々とした田園風景が広がる。沿線には白壁の立派な土蔵が建ち、農業が繁栄してきた土地柄を窺わせる。夏の日差しの下、旧国鉄色のキハ47と40の3両編成が、実り始めた稲穂を揺らして行った。◎上川立～甲立　キハ47　1990年8月　撮影：安田就視

比婆山系の懐に当たる芸備線比婆山～備後落合を行くキハ20とキハ55が手を繋いだ2両編成の普通列車。両車両ともに非冷房で、5月初旬とはいえ初夏を思わせる陽気に多くの窓は開けられていた。◎比婆山～備後落合　1979年5月2日　撮影：安田就視

山陽本線、井原鉄道とともに、岡山県と広島県を結ぶ鉄道路線のひとつが芸備線である。広島県側は山陽本線と連絡する広島駅が起終点であり、県北部に進んだ後、岡山県側の伯備線と連絡する備中神代駅に向かって走る、ローカル線としては、159.1キロのかなり長い路線である。途中の三次（みよし）駅では三江（さんこう）線、塩町駅では福塩線、備後落合駅では木次（きすき）線と連絡しており、広島県内を走る距離は岡山県内より長い路線である。

1915（大正4）年4月28日に芸備鉄道の東広島（初代）～志和地（しわち）駅が開業したのが、この路線のスタートである。同年6月1日、志和地～三次間が開業。1920（大正9）年7月15日に広島～東広島間が貨物線として開業して国鉄広島駅への乗り入れが実現した。1922（大正11）年6月7日に三次～塩町間、1923（大正12）年12月8日に塩町～備後庄原間が延伸し、芸備鉄道は次第に東へと延びていった。1926（大正15）年1月21日、広島～東広島間でも旅客営業が開始された。

その後、1933（昭和8）年6月1日、このうちの東側にあたる備後十日市（旧・十日市、現・三次）～備後庄原間が国有化されて、国鉄の庄原線となった。1934（昭和9）年3月15日に備後庄原～備後西城間、1935（昭和10）年12月20日に備後西城～備後落合間が延伸して庄原線は長くなった。

一方、芸備線の東側部分は、国鉄の三神線として、1930（昭和5）年2月10日に備中神代～矢神間が開業している。同年11月25日に矢神～東城間、1935（昭和10）年6月15日に東城～小奴可間が延伸した。1936（昭和11）年10月10日、小奴可～備後落合間が開業。このときに、庄原線の備後落合～備後十日市間を編入して三神線が芸備鉄道と結ばれた。そして、1937

備中神代 びっちゅうこうじろ ····0.0km
坂根 さかね ··················3.9km
市岡 いちおか ················6.5km
八神 やがみ ················10.0km
野馳 のち ··················13.6km
東城 とうじょう ············18.8km
備後八幡 びんごやわた ····25.3km
内名 うちな ················29.0km
小奴可 おぬか ··············33.6km
道後山 どうごやま ··········37.8km
備後落合 びんごおちあい ··44.6km
比婆山 ひばやま ············50.2km
備後西城 びんごさいじょう 53.2km
平子 ひらこ ················57.4km
高 たか ····················62.3km
備後庄原 びんごしょうばら ····68.5km
備後三日市 びんごみっかいち··70.5km
七塚 ななつか ··············72.2km
山ノ内 やまのうち ··········75.2km
下和知 しもわち ············80.1km
塩町 しおまち ··············83.2km
神杉 かみすぎ ··············84.7km
八次 やつぎ ················88.0km
三次 みよし ················90.3km
西三次 にしみよし ··········91.9km
志和地 しわち ··············99.6km
上川立 かみかわたち ······102.2km
甲立 こうたち ············106.5km
吉田口 よしだぐち ········109.9km
向原 むかいはら ··········116.1km
井原市 いばらいち ········122.0km
志和口 しわぐち ··········126.0km
上三田 かみみた ··········129.5km
中三田 なかみた ··········134.0km
白木山 しらきやま ········136.3km
狩留家 かるが ············138.5km
上深川 かみふかわ ········140.7km
中深川 なかふかわ ········143.5km
下深川 しもふかわ ········144.9km
玖村 くむら ··············146.8km
安芸矢口 あきやぐち ······149.3km
戸坂 へさか ··············152.1km
矢賀 やが ················156.9km
広島 ひろしま ············159.1km

C58が牽引する貨物列車が芸備線甲立駅を発車して行った。61号機は1939（昭和14）年製。新製直後は長崎機関区に配置された。1948年に十日市（後の三次）機関区に転属し、以降の生涯を芸備線一筋で過ごした。◎1963年　所蔵：春日信次

甲立は広島県の北部山間地域で江の川の上流域に位置する町である。広島と米子を結ぶ快速列車として1953年から運転されてきた「ちどり」が、1958年10月1日のダイヤ改正を機に当駅へ停車するようになった。◎甲立駅　1958年10月　提供：桶野村清子

（昭和12）年7月1日に芸備鉄道の広島～備後十日市間が国有化されたことで、この三神線と合わせて、現在のような形の国鉄芸備線となった。

この芸備線には、起終点駅の広島、備中神代駅と合わせて、合計44の駅が置かれている。このうち、沿線（中間）の主要駅は他線と連絡する三次、塩町、備後落合駅であり、このほかに備後庄原、東城駅などが存在する。備後落合、備後庄原、東城駅は、いずれも庄原市内に置かれている。

現在の庄原市は、2005（平成17）年3月31日に旧庄原市と比婆郡の東城町、西城町など1市6町が合併してできたもので、全国では13番目、近畿以西では最も広い市域を有する市である。市内には、比婆道後帝釈国定公園の主要景勝地である帝釈峡があり、この帝釈峡は東城駅を玄関口とする、旧東城町に存在している。

東城駅は芸備線における広島県東端の駅であり、岡山県側の隣駅は野馳駅である。駅の開業は1930（昭和5）年11月25日で、当初は終着駅であった。現在の駅の構造は単式ホーム1面1線の地上駅であるが、かつては相対式ホーム2面2線を有していた。

この芸備線では、急行「ちどり」「たいしゃく」「みよし」などの優等列車も運行されていた。現在は普通列車のほか、広島・三次間で快速「みよしライナー」が運転されている。

芸備線の主要駅が置かれている三次市は、人口約5万2千人の地方都市である。江戸時代には、広島藩浅野家の支配下にあり、一時は支藩が存在した。明治維新後は、広島県となり、1898（明治31）年に双三郡が成立、三次町などがあった。1954（昭和29）年に三次町、十日市町、田幸村などが合併して三次市の市制が施行された。2004（平成16）年には当時の三次市、吉舎町、三和町など1市4町3村が合併し、新たな三次市が誕生している。

C58 92

備後落合駅の3番のりばで煙を上げるC58。木次線の終点でもある芸備線の拠点駅で、今日もホーム周りの配線は大きく変わっていない。しかし、いつも機関車がたむろしていた昭和30年代の活況は隔世の感を否めない。◎1963年8月28日　撮影：荻原二郎

広島県北東部の中国山中に位置する庄原市。備後庄原駅は鉄道の玄関口である。1923（大正12）年12月8日に芸備線の前身である芸備鉄道が塩町から延伸し、それに伴い当駅が開業した。◎備後庄原駅　1982年9月　撮影：安田就視

芸備線の時刻表

31・11・19改正

新見―三次―広島（芸備線）

粁程	駅名		3313	831	833	835	837	839	805	811	813	879	841	817	311	819	881
0.0	新見	発	…	…	…	…	…	439	┐	736	1017	1240	┐	1503	…	1749	2025
6.4	備中神代	〃	…	…	…	…	…	454	津山発 5 24	753	1034	1301	姫路発 9 49	1518	…	1804	2044
10.3	坂根	〃	…	…	…	…	…	500		759	1042	1314		1525	·	1810	2054
12.9	市岡	〃	…	本表の他 塩町―三次 福塩線85頁 参照			…	506		805	1048	1323		1531	…	1816	2103
16.4	矢神	〃	米子発 21 45（木次線経由）				…	514	…	813	1057	1339	…	1543	米子発 12 56（木次線経由）	1824	2113
20.0	野馳	〃					…	520	…	819	1104	1352	…	1549		1830	2121
25.2	東城	〃					…	529	…	828	1115	1411	…	1559		1839	2138
31.7	備後八幡	〃					…	541	…	842	1127	1432	…	1611		1851	2155
35.4	内名	〃					…	550	…	851	1137	1444	…	1621		1900	2207
40.0	小奴可	〃					…	604	…	901	1147	1504	…	1632		1910	2224
44.2	道後山	〃		…	…	…	…	616	…	914	1159	1521	…	1645		1923	2240
51.0	備後落合	着	2 06	…	…	…	…	627	…	924	1210	1533	…	1655	17 04	1933	2252
		発	2 13	…	…	…	542	646	…	930	1302	…	1601	1702	17 28	1936	↰
56.6	比婆山	〃	レ	…	…	…	551	655	…	940	1311	…	1610	1713	レ	1945	（大阪発 10 20）
59.6	備後西城	〃	2 33	…	…	…	556	701	…	946	1317	…	1615	1719	17 42	1950	
63.8	平子	〃	レ	…	…	…	603	708	…	953	1324	…	1622	1726	レ	1957	
68.7	高	〃	レ	…	…	…	610	718	…	1000	1334	…	1629	1733	レ	2004	
74.9	備後庄原	〃	2 58	…	…	…	620	729	…	1011	1346	…	1640	1744	18 04	2014	…
76.9	備後三日市	〃	レ	…	…	…	625	733	…	1015	1350	…	1645	1748	レ	2018	…
78.6	七塚	〃	レ	…	…	…	628	737	…	1019	1354	…	1648	1752	レ	2022	…
81.6	山ノ内	〃	レ	…	…	…	634	743	…	1025	1400	…	1654	1759	18 17	2028	…
86.5	下和知	〃	レ	…	…	…	645	750	…	1032	1407	…	1701	1809	レ	2035	…
89.6	塩町	〃	レ	…	…	…	652	756	…	1038	1412	…	1707	1814	18 29	2040	…
91.1	神杉	〃	レ	…	…	…	658	759	…	1041	1416	…	1710	1818	レ	2044	…
94.4	八次	〃	レ	…	…	…	704	805	…	1047	1422	…	1716	1824	レ	2049	…
96.7	三次	着	3 34	…	…	…	708	809	…	1052	1426	…	1721	1828	18 39	2054	…
		発	4 05	…	549	610	720	844	…	1104	1453	…	1734	1901	18 45	…	…
98.3	西三次	〃	レ	…	553	614	724	848	…	1108	1457	…	1738	1905	レ	…	…
106.0	志和地	〃	レ	…	604	624	738	859	…	1123	1507	…	1748	1919	レ	…	…
108.6	上川立	〃	レ	…	609	629	743	904	…	1128	1512	…	1753	1924	レ	…	…
112.9	甲立	〃	レ	…	615	636	750	910	…	1134	1522	…	1759	1931	レ	…	…
116.3	吉田口	〃	レ	…	621	642	756	915	…	1139	1529	…	1805	1945	19 10	…	…
122.5	向原	〃	レ	…	630	651	809	926	…	1150	1538	…	1813	1953	レ	807	…
128.4	井原市	〃	レ	…	638	658	816	933	気	1158	1547	…	1821	2001	レ	気	…
132.4	志和口	〃	レ	611	645	706	824	940	1051	1204	1603	…	1829	2007	レ	2119	…
135.9	上三田	〃	2・3	616	651	712	830	945	1056	1210	1610	…	1834	2013	2・3	2124	…
140.4	中三田	〃	（夜行ちどり）	627	658	720	836	952	1102	1216	1621	…	1841	2020	（ちどり）	2130	…
144.9	狩留家	〃		634	705	727	846	959	1111	1223	1628	…	1851	2027		2137	…
147.1	上深川	〃		639	710	732	850	1003	1115	1227	1632	…	1855	2032		2141	…
149.9	中深川	〃		644	716	738	855	1008	1120	1232	1637	…	1900	2036		2146	…
151.3	下深川	〃		648	720	742	858	1011	1123	1235	1641	…	1903	2040	レ	2149	…
153.2	玖村	〃		652	724	747	902	1015	1127	1239	1645	…	1907	2044	レ	2152	…
155.7	安芸矢口	〃	レ	658	730	752	907	1023	1131	1244	1650	…	1912	2049	レ	2157	…
158.5	戸坂	〃	レ	703	735	758	912	1028	1136	1249	1655	…	1917	2054	レ	2202	…
163.3	矢賀	〃	5 43	711	743	810	920	1035	1144	1256	1704	…	1925	2100	レ	2209	…
165.5	広島	着	5 48	716	748	816	925	1041	1149	1301	1709	…	1930	2105	20 10	2213	…

1956年の芸備線時刻表。昼間と夜行で準急「ちどり」が設定され、陰陽連絡の任を担った。

路傍にヒメジョオンが咲き誇る山里を、キハ120の2両編成が軽快に駆けて行った。急行が姿を消した芸備線では小振りな気動車が、数時間の間隔を空けて思い出したように通り過ぎる。◎山ノ内～下和知　1998年7月　撮影：安田就視

芸備線塩町～下和知間で馬洗川を渡るキハ23。中国山地の只中を横断する芸備線は閑散区間が多く、普通列車では単行で走る気動車の姿が良く見られた。対岸には塩町から分岐する福塩線が通っている。◎塩町～下和知　1990年8月　撮影：安田就視

起点の広島から芸備線で1駅目の矢賀。構内上方を山陽新幹線の車両基地である、広島新幹線運転所へ続く高架線が横切っている。急行列車を運転していた時代。小駅に設置された1面のホーム上には、通票(タブレット)を授受するための装置が立っていた。◎1982年9月28日　撮影:安田就視

中国山中を横切り、陰陽連絡列車の通り道だった芸備線には、民営化後も「ちどり」「たいしゃく」など、幾種類かの急行列車が引き続き運転されていた。主に急行型気動車のキハ28、58が運用され、旧国鉄時代からの急行色は、広島地区独自の塗色に変更されていった。◎1990年8月　撮影:安田就視

盆地の夏は格別に暑い。駅のような公共施設にさえ冷房装置が完備されていなかった昭和30年代。三次駅舎の窓はことごとく開け放たれていた。出入り口付近のひらがな表記が微笑ましい。◎1963年8月27日　撮影：荻原二郎

廣島証券

呉線

山陽本線海側のバイパス路線

区間▼三原～海田市
駅数▼28駅
全通年月日▼1935(昭和10)年11月24日
路線距離▼87・0キロ
軌間▼1067ミリ
最高速度▼95キロ

広～安芸阿賀間の黒瀬川橋梁を渡る4両編成の115系。電化後の呉線では湘南色の近郊型電車が旅客列車の主力となった。80系から113系、115系へと受け継がれた塗色は、国鉄が民営化された後も、車体にJRマークを貼られながらも地域色の台頭まで各路線で見られた。◎1990年8月　撮影:安田就視

三原	みはら	0.0km
須波	すなみ	5.1km
安芸幸崎	あきさいざき	11.8km
忠海	ただのうみ	17.2km
安芸長浜	あきながはま	20.0km
大乗	おおのり	21.8km
竹原	たけはら	25.3km
吉名	よしな	30.0km
安芸津	あきつ	34.7km
風早	かざはや	37.9km
安浦	やすうら	44.2km
安登	あと	48.7km
安芸川尻	あきかわじり	52.8km
仁方	にがた	57.6km
広	ひろ	60.2km
新広	しんひろ	61.5km
安芸阿賀	あきあが	62.9km
呉	くれ	67.0km
川原石	かわらいし	68.7km
吉浦	よしうら	71.0km
かるが浜	かるがはま	72.2km
天応	てんのう	74.3km
呉ポートピア	くれぽーとぴあ	75.6km
小屋浦	こやうら	77.1km
水尻	みずしり	79.3km
坂	さか	81.8km
矢野	やの	84.4km
海田市	かいたいち	87.0km

干潮で橋脚部分が大きく露出した呉線の沼田川橋梁。橋上を行く列車は、岡山地区塗装(マスカット色)をまとう103系の4両編成。呉線にはJR化後も、岡山から呉まで乗り入れる普通列車の運用があった。◎三原～須波　1998年11月8日　撮影:安田就視

呉線はその名の通り沿線の主要都市で、戦前は日本海軍の軍港、現在は貿易港としても有名な呉（港）の名称を冠した路線である。山陽本線の三原駅と海田市駅を結ぶ87・0キロで、瀬戸内海に沿って進んでゆく同線の支線・バイパス的存在である。現在は公募により、三原～広島間が瀬戸内さざなみ線と呼ばれている。山陽新幹線の開通以前には、呉線経由で東京～広島間を結ぶ急行「安芸」も運転されていた。

呉線は、日露戦争時に大本営が置かれる軍都・広島と日本海軍の呉鎮守府、呉海軍工廠などが置かれていた呉を結ぶ路線として、1903（明治36）年12月27日に海田市～呉間が開業している。建設時は官営であったが、1904（明治37）年12月1日から「山陽鉄道」に貸与され、1906（明治39）年12月1日に同鉄道が国有化されて国鉄の路線となった。

一方、三原側の開通はかなり遅かった。1930（昭和5）年3月19日、三呉線の三原・須波間が開業。その後、1932（昭和7）年までに安芸幸崎、竹原駅へと徐々に延伸していった。1935（昭和10）年には2月17日に竹原～三津内海（現・安浦）間が開通。同年3月24日に呉線の呉～広間が開通。同年11月24日に三津内海（現・安浦）～広間が結ばれて、両線を合わせて新しい呉線が全通した。

この呉線は、三原市から竹原市、東広島市、呉市、坂町、広島市安芸区を経由して海田町に至る。起終点の三原駅と海田市駅を含んで28の駅が存在する。その中で、沿線の主要駅としては、まず呉駅を挙げられる。呉駅は1903（明治36）年、呉線の終着駅として開業した。現在は1981（昭和56）年7月7日に竣工した四代目駅舎が使用されている。この駅舎は、島式・単式2面3線のホームをもつ地上駅で、橋上駅舎を有している。歴史的には、初代の駅舎が使用さ

海上築堤の様相を呈している呉線仁方～安芸川尻間の海に沿った区間。2両編成の105系は可部線用の塗装だ。地方路線用の105系は103系などに代わり、呉線東部で運転される普通列車の主力となっている。◎仁方～安芸川尻　1998年11月7日　撮影：安田就視

れた後、二代目の駅舎が1923（大正12）年8月13日に竣工、第二次世界大戦の戦災で焼失した後、1946（昭和21）年5月6日に三代目駅舎が竣工した。当時は連合国軍の占領下にあり、イギリス連邦占領軍専用列車「BCOF Train」（東京行）の始発駅となった。

呉駅のある呉市は、1889（明治22）年に呉鎮守府、1903（明治36）年に呉海軍工廠が誕生するなど日本海軍の拠点となり、これが街の発展を加速させた。1902（明治35）年に市制が施行され、呉市が誕生。造船、鉄鋼業などの産業も栄え、戦艦「大和」も呉海軍工廠で建造されている。昭和時代には周辺の吉浦町、広村などを編入して市域を拡大し、1943（昭和18）年には、人口が40万人を突破している。

しかし、1945（昭和20）年には空襲により市街が破壊され、枕崎台風の来襲も重なって大きな被害が出た。戦後はそこからの復興となり、現在は大和ミュージアム（呉市海事歴史科学館）、入船山公園などがある、観光都市の一面ももっている。呉市内には呉駅とともに安浦駅、広駅、吉浦駅など13の呉線の駅（JR駅）が存在する。この街には戦前、戦後にかけて、呉市電も存在していた。

もうひとつの沿線の主要駅は、竹原駅である。この駅は1932（昭和7）年7月10日、三呉線の延伸時に開業している。当初は終着駅で、現在の駅は島式ホーム1面2線をもつ地上駅となっている。駅のある竹原市は、「安芸の小京都」と呼ばれた古い街で、1958（昭和33）年に豊田郡竹原町と忠海町が合併し、竹原市が成立している。この街には、江戸時代から続く酒造メーカーで、ニッカウヰスキーの創業者、竹鶴政孝の生家でもある「竹鶴酒造」が存在する。NHK朝の連続テレビ小説「マッサン」では「亀山酒造」として描かれ、ロケ地となった。

チヱサカリ
HONDA
HONDA
日産火災海上
ブリヂストン
ブリヂストン

呉市内を休山(497メートル)の稜線が隔てる呉線安芸阿賀～呉間を行く153系。緑濃い入船山公園の向うに海が望まれる。呉には海上自衛隊の呉地方総監部が置かれ、画面左上には巨大な艦艇の姿がある。
◎安芸阿賀～呉　1975年8月　撮影：河野豊(RGG)

呉市内を流れる二河川を渡る103系。車体は瀬戸内色と呼ばれたアイボリー地に濃い青色の帯を巻いた塗装だ。広島地区の103系は、JR化後の1993年に明石区、淀川区から、115系非冷房車を置き換えるべく転入した。◎川原石～呉　1998年11月　撮影：安田就視

青空の中に湘南色が浮かび上がった。呉線須波～三原間を行く115系4両編成の普通列車。屋上に冷房機器が搭載されていないすっきりとした姿だ。国鉄時代末期には、山陽路でも列車編成の短縮化が進んでいた。◎1984年4月23日　撮影：荒川好夫（RGG）

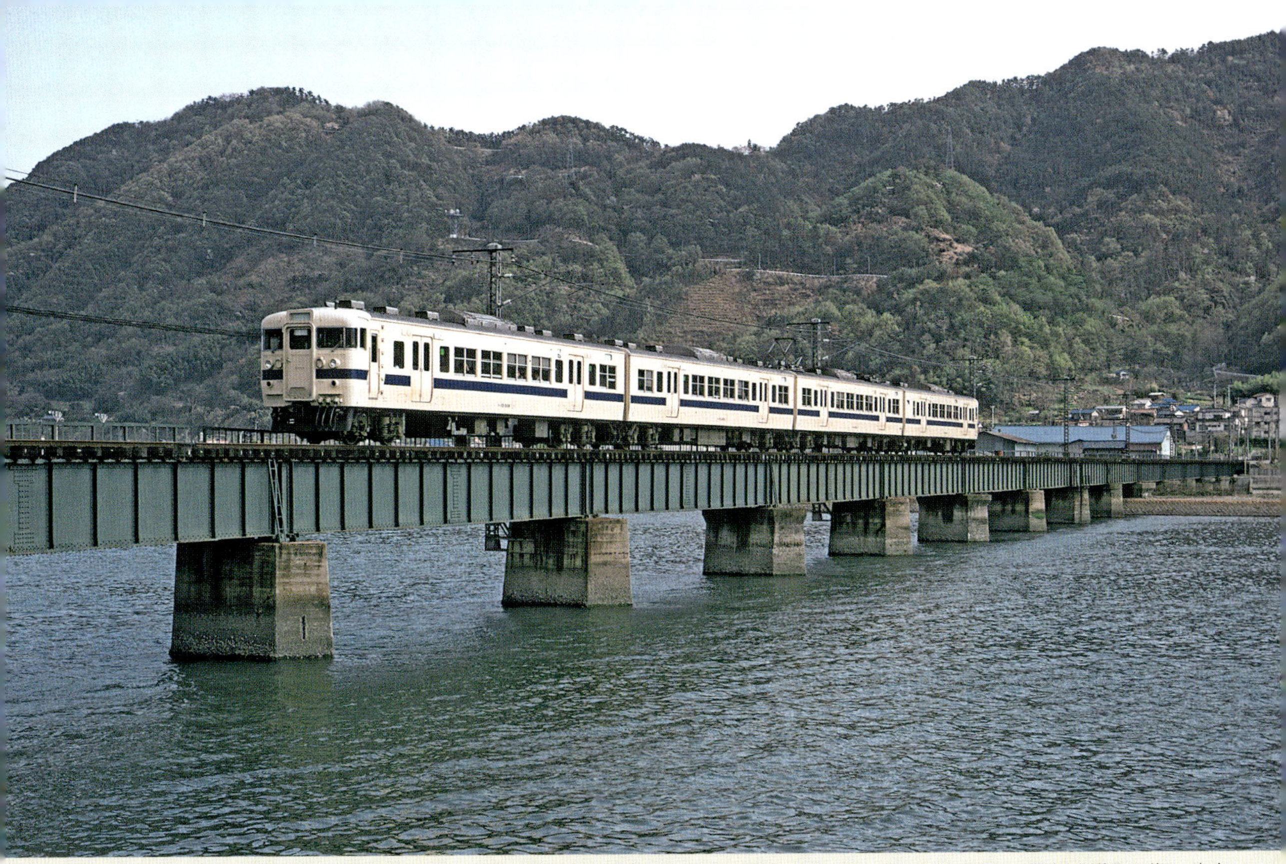

呉線須波～三原間の沼田川橋梁を渡る115系3000番台車。同車は旧国鉄が昭和50年代末期に打ち出した「広島シティ電車」の導入に伴い、車内の一部に転換クロスシートを備える近郊型電車として製造された。◎須波～三原　1984年4月23日　撮影：高木英二(RGG)

蒸気機関車が主力だった時代。朝の呉線広駅には、通勤客を乗せて広島へ向かう客車列車が並んだ。牽引機は糸崎機関区所属のC59、C62、D51と多彩な顔ぶれである。同じ時間帯には急行「音戸」も姿を見せ、奇しくも大型蒸気機関車が競演する舞台がお膳立てされた。◎1967年10月10日　撮影：林 嶢

急行「安芸」を牽引するC62は猛然と煙を上げて、急曲線を描く築堤上を行く。後ろに続くのは2等寝台車のオロネ10を2両連結した少々豪華な長編成である。呉線を経由して広島へ向かう本列車には、糸崎～広島間でC59、C62と幹線用の蒸気機関車が先頭に立った。◎1967年12月10日　撮影：林 嶢

広島駅に停車する機械式気動車のキハ06。第二次世界大戦前に製造されたキハ41000形の機関を、日野自動車製のディーゼルエンジンに換装したキハ41500形を改番して生まれた形式だ。昭和30年代の広島界隈では宇品線等の閑散路線で古風な小型気動車が活躍した。◎広島　1961年3月9日　撮影：林 嶢

非電化時代の呉線を行くキハ25の2両編成。昭和40年代には、大型蒸気機関車が活躍する西の聖地として愛好家から注目を浴びた呉線だが、日中の普通列車には気動車が年を追って勢力を拡大していた。◎撮影：林 嶢

急行「にしき」(314D)瀬戸内沿いの経路を取る呉線を行く急行「にしき」。岡山－岩国間を結んでいた。先頭車は準急型のキハ26。後ろに続くキハ28、58もいまだ屋上に冷房装置を載せていない。1968年10月の白紙ダイヤ改正で、同系の急行「吉備」に統合されて列車名が消えた。◎撮影：林 嶢

呉線で最も海岸沿いを走る区間は安芸幸崎から忠海に掛けて。国道185号と離れた線路は、一部は人が通る道さえもない海岸線を、山裾を忠実になぞりながら進む。車窓から眺める瀬戸内海は遠来の旅人を労うかのように、波静かな水面に青空の紫紺色を映し出す。◎1990年8月　撮影：安田就視

須波～安芸幸崎間で線路と渚の間を走る道路は国道185号線。三原市の郊外から呉市まで、呉線との並行区間が多い鉄路と同行二人の交通路だ。呉市内で国道31号と合流し、呉線と同様に広島～三原間を結ぶ国道2号の別経路という性格を備える。◎1998年11月　撮影：安田就視

呉、竹原等、呉線の見所を結ぶ観光列車として、2005年に登場した快速「瀬戸内マリンビュー」。専用車に改造されたキハ47は、前面に浮き輪やオールを掲げる。また、車内にもオーシャンビューの座席や羅針盤があり、船を強く意識した設えになっている。◎所蔵:フォト・パブリッシング

呉線を行く103系4両編成の普通列車。4扉を備える通勤型電車は、世が平成の時代に入って関西から広島地区へ転属。山陽本線呉線、可部線等で運用されていた。◎坂～水尻　2003年11月28日　撮影:荒川好夫(RGG)

呉駅に隣接する駅ビル「クレスト」。駅舎は1981年に橋上化された。旧日本海軍の要所として栄えた街の玄関駅には高架化される前、貨物ヤードや近隣の軍事施設、工場とを結ぶ専用線があった。◎1998年11月　撮影:安田就視

古くから海上交通の要所として栄えた港町竹原。鉄道駅が開業したのは意外と遅く、時代が昭和に移ってからだった。駅は現在の市の中心部近くにあるが旅客船のりば等の港とは若干離れている。◎提供：竹原市

呉線大乗駅。三呉線時代に安芸幸崎～竹原間の延伸開業に伴い、1932年7月10日に開業した。毎年8月に竹原火力発電所グラウンドで開催されるの花火大会会場の最寄り駅であり、当日は普段静かな小駅が大いに賑わう。◎1961年　提供：竹原市

呉線吉名駅。今日では古い街並みが観光地として活況を呈している隣町の竹原とは、同じ港町ながら普段は静かな小駅である。第58から60代内閣総理大臣を務めた池田勇人は当地の出身。駅近くの神社に胸像がある。◎提供：竹原市

山陽地区で昭和40年代まで大型蒸気機関車の活躍が見られた呉線。1970年に全線が電化され、旅客列車は電車化、電気機関車の牽引に替わった。看板列車の急行「あき」でC59が牽引するさよなら列車が運転された。◎1970年　提供：竹原市

呉線の終点海田市から二つ目の駅である坂。森山(159メートル)、横浜公園がある小さな半島の付け根部分に位置する。所在地は安芸郡坂町となるが海田湾、広島湾を隔てた対岸は広島市で、現在は湾口部を跨いで当地と広島を結ぶ高速道路が整備されている。◎提供:坂町教育委員会

木造駅舎が建っていた非電化時代の呉線小屋浦駅。西南方に江田島を望む沿岸の小駅だ。しかし、町内には大手石油会社の油槽が建ち並び、工業地帯らしい一面も垣間見える。広島、呉への通勤圏内にあり、駅前には鉄道利用者が留め置いた自転車が多数並んでいる。◎提供:坂町教育委員会

呉は日本が近代化の道を歩み始めた明治期より、軍港と造船等の工業で栄えた機械の街だ。呉線の西部に当たる海田市〜呉間では、沿岸部に工場が建ち並ぶ。線路の向うには、埋め立て造成され、直線的な形状を描く人工的な眺めの海岸線が続く。◎提供:坂町教育委員会

1970年に電化されるまで、蒸気機関車が客貨に活躍した呉線。当時は未だ、全国各地で頻繁に姿を見ることができたD51は、C59やC62が健在だった呉線では愛好家から羨望の眼差しを受ける機会は少なかった。しかし、貨物列車の運用では主力を張っていった。◎提供:坂町教育委員会

白煙が列車の上に気持ちよくたな引いた。D51が旧型客車で組成された長大な通勤列車を牽引して呉線を行く。線路際には真新しい架線柱が林立し、蒸気機関車の活躍も僅かとなった頃のひとコマだ。◎提供:坂町教育委員会

可部線に新製車両として投入された105系は、旧国鉄の民営化後に塗色変更された。経営がJR西日本に移行してからは地域ごと、路線ごとに独自の塗色を施された車両が増えていった。◎上八木～梅林　1990年4月24日　撮影：岩堀春夫(RGG)

山陽本線の横川駅とあき亀山駅を結ぶ

可部線

区間▼横川～あき亀山
駅数▼14駅
全通年月日▼1969(昭和44)年7月27日
路線距離▼15・6キロ
軌間▼1067ミリ
最高速度▼65キロ

ウインドウシルヘッダーに雨樋が厳めしい面構えのクモハ73を先頭に、72系の4両編成が上八木～中島間に架かる太田川橋梁を渡る。72系は可部線で1984年まで活躍し、通勤通学輸送の一翼を担った。◎上八木～中島　1981年6月　撮影：安田就視

山陽本線の横川駅から太田川の右岸を北に延びる「広島シティネットワーク」に属する路線が可部線である。現在は、広島のベッドタウンとなった安佐北区、安佐南区のニュータウンを結ぶ都市近郊路線だが、その起源は広島市内と島根県浜田市とを結ぶ目的をもった軽便鉄道で、国有化後は景勝地の三段峡へ至る観光ローカル線でもあった。

1909(明治42)年12月19日に762ミリの軌道線として、大日本軌道広島支社線の横川～祇園間が開業したのが、現在のJR可部線のスタートである。1910(明治43)年11月19日に祇園～古市橋間、同年12月25日に古市橋～太田川橋間が延伸開業した。そして、1911(明治44)年6月12日、この路線の名称となった可部駅までの路線となっている。その後、1919(大正8)年3月11日に可部軌道の路線となり、1926(大正15)年5月1日に広島電気の路線となった。

1928(昭和3)年11月9日、それまで762ミリだった軌間が、横川～古市橋間で1067ミリに改軌され、同時に電化された。こうした改軌・電化は続けられ、1930(昭和5)年1月1日に横川～可部間の改軌と電化が完成した。この間、一部で経路の変更が行われ、停留場(駅)の廃止や新設も行われた。さらに、1931(昭和6)年7月1日、広浜鉄道に譲渡され、1935(昭和10)年12月1日に地方鉄道法による鉄道に変更された。

国に買収されて、国鉄の可部線となるのは、1936(昭和11)年9月1日である。このときの路線の全長は13・7キロであったが、同年10月13日に可部～安芸飯室間の11・1キロが延伸している。この延伸は戦後も続き、1946(昭和21)年8月15日に安芸飯室～布間、1954(昭和29)年3月30日に布～加計間が延伸、このとき

横川 よこがわ ･････････････ 0.0km
三滝 みたき ･･････････････ 1.1km
安芸長束 あきながつか ････ 2.6km
下祇園 しもぎおん ･･････････ 3.9km
古市橋 ふるいちばし ･･･････ 5.3km
大町 おおまち ････････････ 6.5km
緑井 みどりい ････････････ 7.3km
七軒茶屋 しちけんちゃや････ 8.0km
梅林 ばいりん ････････････ 9.6km
上八木 かみやぎ ･･･････････11.2km
中島 なかしま ････････････12.6km
可部 かべ･････････････････14.0km
河戸帆待川 こうどほまちがわ ････14.8km
あき亀山 あきかめやま･･････15.6km

【廃止区間】
河戸 こうど ･･･････････････15.3km
今井田 いまいだ･･･････････17.7km
安芸亀山 あきかめやま･･････20.6km
毛木 けぎ ･････････････････23.4km
安芸飯室 あきいむろ････････25.1km
布 ぬの ･･･････････････････27.5km
小河内 おがうち･･･････････29.6km
安野 やすの ･･････････････32.1km
水内 みのち ･･････････････36.2km
坪野 つぼの ･･････････････37.6km
田之尻 たのしり ･･････････40.6km
津浪 つなみ ･･････････････42.5km
香草 かぐさ ･･････････････44.4km
加計 かけ ･････････････････46.0km
木坂 きさか ･･････････････47.9km
殿賀 とのが ･･････････････50.0km
上殿 かみとの ････････････52.0km
筒賀 つつが ･･････････････54.1km
土居 どい ･････････････････56.2km
戸河内 とごうち･･･････････57.3km
三段狭 さんだんきょう ･･････60.2km

2両編成で可部線上八木～中島間に架かる太田川橋梁を渡る123系。旧国鉄で荷物列車が廃止されたのと同じ年の1986年に、荷物電車から改造された第1陣が可部線へ投入された。◎1987年7月25日　撮影：高木英二(RGG)

72系電車の活躍が終焉に差し掛かっていた1983年の可部線可部駅。路線の専用色に塗られた電車は国電らしからぬ風貌で、構内には地方私鉄と国鉄路線の乗換駅を彷彿とさせる雰囲気が漂っていた。◎1983年6月5日　撮影：森嶋孝司(RGG)

に国鉄路線の延長が2万キロに達し、記念碑も建てられている。さらに、1969（昭和44）年7月27日に加計～三段峡間が開業したが、これらの区間は非電化であった。それに前後して、今度は「今福線」として、浜田駅への延伸を目指していた。

しかし、このとき既に既存の可部～加計間（32・0キロ）が赤字路線として廃止勧告を受けており、沿線住民らの反対にもかかわらず、2003（平成15）年12月1日に可部～三段峡間が廃止された。しかし、住民による運動は続き、一部路線の復活（新線延伸）が実現する。広島市北部への住宅地拡大も追い風となり、2017（平成29）年3月4日に可部～あき亀山間が延伸開業した。なお、廃止された可部～三段峡間には安芸亀山駅が存在したが、この安芸亀山駅と新線のあき亀山駅とは約5キロ離れており、新駅は同じく廃止された河戸駅付近に開設されている。また、このときに途中駅として、河戸帆待川駅が新設されている。あき亀山駅付近には、虹山県民住宅、希望が丘団地などが建設されており、可部線は地域住民の足となっている。

沿線の主要駅である可部駅は、広島市安佐北区可部2丁目に置かれている。終着駅であった時代が長く、一時は当駅までの電化区間と非電化区間（三段峡駅まで）の接続駅でもあったが、現在は可部線全線が電化されており、一般的な中間駅となっている。駅の構造は相対式ホーム2面2線を有する地上駅である。

また、かつての終着駅であった三段峡駅は、西中国山地国定公園の代表的景勝地、三段峡に至るハイキングコースの玄関口であった。駅前には、蒸気機関車（C11の189号機）が保存されていたが、その後に移設され、現在はイオンモール広島府中の敷地内に保存されている。

喫茶と食事
廣島証券

可部線の電化区間にある梅林駅へ単行のキハ23が入って来た。可部と三段峡までの区間が営業していた時代、広島発着で非電化区間へ乗り入れる定期列車が、数往復設定されていた。◎1972年3月14日　撮影：荻原二郎

クハ103形0番台車から改造されたクハ105形100番台車を編成の両端部に連結した、105系の4両編成が可部線を行く。オレンジバーミリオンの塗装が種車の雰囲気を強く残している。
◎中島～上八木　1985年5月19日　撮影：森嶋孝司（RGG）

可部線の廃止区間で主要駅だった加計。当駅を始発終点とする列車もあった。停泊する列車のために側線があり、小さな車庫を潜ってヘッドマークを掲げたキハ58等の列車が休んでいる。◎2002年8月　撮影：安田就視

可部線戸河内駅は戸河内町(現・安芸太田町)の中心部に建ち、構内の近くを太田川が流れていた。昭和40年代の半ばには、雑多な一般型気動車が旅客列車を担った。キハ30を先頭にした列車がホームへ入る。◎1972年3月14日　撮影：荻原二郎

可部線の時刻表(1956年12月)

31・12・20改正

横川—可部—加計(下り)(可部線)

列車番号 800台=気

粁程	駅名	701	703	707	719	837	839	735	741	745	755	763
0.0	横川発	440	526	628	918	1235	1355	1516	1616	1736	1950	2317
1.0	三滝〃	443	528	631	921	1238	1358	1518	1621	1740	1955	2320
2.3	安芸長束〃	446	531	638	927	1241	1401	1521	1624	1743	1958	2323
3.6	下祇園〃	449	534	641	930	1244	1404	1524	1627	1746	2001	2326
5.0	古市橋〃	455	537	648	933	1248	1408	1527	1632	1750	2004	2329
7.0	緑井〃	458	540	652	936	1252	1412	1530	1636	1753	2007	2332
7.8	七軒茶屋〃	500	542	654	938	1254	1414	1532	1638	1755	2009	2334
9.3	梅林〃	503	547	700	943	1258	1418	1538	1644	1759	2012	2337
10.9	上八木〃	506	550	703	946	1302	1422	1542	1647	1802	2015	2340
12.3	中島〃	509	554	707	950	1306	1426	1545	1651	1806	2019	2344
13.7	可部着	512	556	709	952	1310	1430	1548	1653	1808	2021	2346
			831	833	835	‖	‖	841	843	811	845	
13.7	可部発	…	615	712	955	1311	1434	1551	1655	1816	2024	…
15.0	河戸〃	…	618	715	958	1314	1437	1554	1658	レ	2027	…
17.5	今井田〃	…	623	720	1003	1320	1442	1559	1703	レ	2032	…
20.4	安芸亀山〃	…	629	726	1009	1325	1448	1605	1709	1827	2038	…
23.1	毛木〃	…	634	731	1014	1331	1453	1610	1714	レ	2043	…
24.8	安芸飯室〃	…	638	735	1018	1334	1457	1614	1718	1838	2047	…
27.2	布〃	…	642	739	1022	1339	1501	1623	1722	1843	2054	…
29.4	小河内〃	…		744	1027	1343	1506	1628	1727	1848	2058	…
31.8	安野〃	…	…	750	1033	1349	1512	1633	1736	1853	2104	…
35.9	水内〃	…	…	758	1041	1357	1520	1642	1744	1900	2112	…
37.4	坪野〃	…	…	802	1045	1401	1524	1646	1748	1904	2116	…
40.3	筒賀〃	…	…	809	1052	1408	1531	1652	1755	レ	2123	…
42.2	津浪〃	…	…	813	1056	1413	1535	1657	1759	1914	2128	…
45.7	加計着	…	…	820	1103	1419	1542	1704	1806	1920	2134	…

左表の他

横川—可部

横川発
617. 657. 714
752. 817. 845
1004.1029.1117
1204.1256.1330
(土曜日のみ加計行)
1435.1536.1553
1705.1754.1813
1852.1914.2017
2127.2221

横川—可部=電

可部—加計=気

横川—古市橋区間運転あり

1956年当時の可部線時刻表。運転区間は横川〜加計間である。布〜加計間18.5キロメートル区間は1954年3月11日に非電化区間として延伸開業した。

加計～三段峡間開業10周年を祝して、1979年7月27日の加計駅ホームは華々しくモールで飾られた。背筋を伸ばした駅長が列車を出迎える。普段着の気動車が、式典に沸く駅へ更なる活気を運んできた。◎1971年7月　提供:安芸太田町

景勝地三段峡への観光客を出迎えるべく、地方路線の末端駅としては立派な設えの駅舎が建てられた可部線三段峡駅。開業10周年の式典では、地元関係者や旅行客で山中の駅が久々に終日賑わいを見せた。◎1971年7月　提供:安芸太田町

可部線で最後に開業した末端区間で、拠点駅的な存在だった戸河内。開業から間もなくして貨物扱いが始められ、加計駅との間で貨物列車が運転された。また、当初は1面2線のホームを利用して、列車交換が行われていた。◎1971年7月　提供:安芸太田町

筒賀駅は加計～三段峡間の延伸に伴って設置された。同名の駅が可部線内にあったが、延伸区間の開業を前に1969年7月21日に田之尻駅と改称した。駅名には旧山県郡戸河内町中心部の字名を採用した。◎1971年7月　提供:安芸太田町

加計は百々山(ももやま)(559メートル)の麓に開けた中国山中の町。町内で3本の国道が出会う地域交通の要所である。加計駅は1954年に開業して以来、三段峡までの区間が延伸開業するまで可部線の終点だった。◎1971年7月　提供:安芸太田町

加計駅の改札口に次の列車を知らせる札が揺れていた。加計駅発着の列車は1日9往復の設定。日中には運転間隔が3時間以上も開く時間帯があった。開業10周年の華やいだ雰囲気とは裏腹に、今日も時間はゆっくりと過ぎる。◎1971年7月　提供:安芸太田町

旧国鉄時代の可部線小河内駅。かつては列車交換が可能なホーム1面2線の構造だったが、合理化の煽りを受けて棒線駅となった。線路が撤去されたホームの片方には、残されたバラストの上に草木が生い茂っている。◎1982年9月29日　撮影：安田就視

可部線へ105系が投入されたのは1984年。地方路線の普通列車向けという位置付けから、冷房装置の導入は見送られた。屋上にはグローブ形のベンチレーターが1列に並んでいる。◎横川駅　1986年12月12日　撮影：荒川好夫（RGG）

可部線で電化区間の終点だった可部駅。JR化後の構内には105系と、山陽本線から乗り入れて来た115系が並ぶ。車両や信号機類等が近代化されている中、細い木製の架線柱に私鉄時代の面影が僅かに残る。◎1990年8月　撮影：安田就視

かべ
可部
KABE
こうど
KŌDO
なかしま
NAKASHIMA
朝日生命
36-10

電化区間の終点、可部で折り返し運用に備えてホームに待機するクモハ12。昭和初期に製造された17メートル級の3扉両運転台車は、可部線で使用されていた木造電車を置き換えた。
◎1962年3月5日　撮影：荻原二郎

JR西日本の地方路線に投入されたキハ120。中国地方では山陰本線を始め、多くの非電化路線で一般型気動車に替わって運用されている。備後落合駅で異なる塗装の同形式が並んだ。◎209年6月14日

木次線

広島県と島根県を結ぶローカル路線

区間▼宍道～備後落合
駅数▼18駅
全通年月日▼1937（昭和12）年12月12日
路線距離▼81・9キロ
軌間▼1067ミリ
最高速度▼75キロ

宍道	しんじ	0.0km
南宍道	みなみしんじ	3.6km
加茂中	かもなか	8.7km
幡屋	はたや	11.8km
出雲大東	いずもだいとう	13.9km
南大東	みなみだいとう	17.5km
木次	きすき	21.1km
日登	ひのぼり	24.8km
下久野	しもくの	31.5km
出雲八代	いずもやしろ	37.4km
出雲三成	いずもみなり	41.5km
亀嵩	かめだけ	45.9km
出雲横田	いずもよこた	52.3km
八川	やかわ	56.3km
出雲坂根	いずもさかね	63.3km
三井野原	みいのはら	69.7km
油木	ゆき	75.3km
備後落合	びんごおちあい	81.9km

雪化粧となった木次線油木～備後落合間を単行のキハ52が行く。128号は最期まで旧国鉄一般形気動車色をまとっていた車両。かつては仙台と会津地方を結んでいた急行「いなわしろ」に充当された経歴を持つ。◎油木～備後落合 1990年12月26日　撮影：安田就視

木次線は、広島県庄原市の備後落合駅と島根県松江市の宍道駅を結ぶ路線である。路線名は、沿線の主要駅のひとつで、1916（大正5）年10月11日、簸上鉄道が開業した当時の終着駅である木次駅から採られている。その後、簸上鉄道は1934（昭和9）年8月1日に国有化され、この前後に島根県内で路線を延伸させた。1937（昭和12）年12月12日に八川～備後落合間が開業し、広島県内まで路線を延ばしている。広島県内には、備後落合と油木の2駅が置かれており、県内の路線は備後落合駅と三井野原駅（島根県）の手前までの10キロ余りである。

備後落合駅は木次線の起終点駅であり、芸備線との接続駅である。この駅の歴史は、国鉄の庄原線（当時、現・芸備線）の備後西城～備後落合間が、1935（昭和10）年12月20日に開業した際に終着駅として開業したことに始まる。その後、1936（昭和11）年10月10日、三神線（当時、現・芸備線）の小奴可～備後落合間が開業した。このときに庄原線は三神線に編入されたが、1937（昭和12）年に7月1日に芸備鉄道が国有化されて芸備線に変わった。同年12月12日の木次線が延伸し、両線の接続駅となった。単式、島式ホームを合わせた2面3線のホームをもつ地上駅（無人駅）で、ホーム間は構内踏切で結ばれている。

油木駅は広島県最北端の駅であり、1937（昭和12）年12月12日の木次線の延伸時に開業している。島式ホーム1面2線の地上駅で、こちらも無人駅である。

この備後落合、油木駅が置かれている庄原市は広島県の北東部、中国山地に位置し、全国の市町村の中で13番目、近畿以西では最も広い面積を有している。1954（昭和29）年に庄原町と周辺の村が合併して、庄原市が誕生。2005（平成17）年3月31日、平成の大合併により西条

重連のC56と準急塗装の気動車が交換する木次線油木駅。雪深い山里の小駅には駅舎、交換設備、貨物上屋等の設備がささやかながらもあった。また、駅員も配置されていた。現在の棒線駅状態とは隔世の感が強い。◎1962年2月4日　提供：中西進一郎

町などと合併し、新制の庄原市が成立した。庄原市内には県立広島大学庄原キャンパスが置かれ、国営備北丘陵公園も存在する。また、比婆いざなみ街道（国道314号）に沿って走る備後落合～油木間の沿線には、比婆山温泉が存在する。山合に民宿が一軒あるだけの鄙びた温泉である。北西には、標高1264メートルの比婆山がそびえ、ひろしま県民の森スキー場などのレジャー施設がある。

木次線の山間部は、厳冬期になると積雪に見舞われることが珍しくない。1番列車が走る前の路を確保すべく、ラッセル車DE15が線路を隠すほど降り積もった雪を掻き分けて県境付近を行く。◎2012年12月9日

キハ02 4

備後落合駅の1番のりばに停車するキハ02。当駅より木次線へ折り返す列車だ。キハ02形は全17両のうち、1番から11番が寒冷地仕様である。これらは北海道に新製配置された後、1両を除いて道外へ転出した。◎1963年8月28日　撮影：荻原二郎

木次線の終点備後落合は芸備線の途中駅である。機関車が鉄路の主役だった時代には、駐泊施設等を備えた地域交通の要所だった。木次線のりばの駅名票には、同路線の隣駅油木の表記のみが入る。◎1962年7月1日　撮影：荻原二郎

長方形のヘッドマークを掲げた気動車準急が塩町駅を離れて行った。昭和30年代の半ばには芸備、伯備、木次線を経由する陰陽連絡、都市間連絡の準急が多数設定され、キハ26、55などが活躍した。◎1963年8月27日　撮影：荻原二郎

広島と島根の県境がある三井野原付近は、スキー場のゲレンデが広がる高原の面持ちである。三段スイッチバックで有名な出雲坂根からの急坂を上り終えて、一息ついたキハ52がエンジン音も軽やかに駆けて行った。◎三井野～油木 1990年12月26日 撮影:安田就視

木次線の時刻表(1956年11月)

31.11.19 改正　宍道 ── 備後落合(木次線)

米子発2145┐

粁程	駅名	431	411	421	413	471	417	311		465	423	419	425	3313
…	松江発	…	…	…	833	…	…	13 32	┐	…	…	17 44	…	2228
0.0	(弁)⊖宍道発	…	…	729	906	1050	1220	13 56	米子発12 56	14 28	1715	18 16	2020	2251
8.7	加茂中〃	…	…	751	926	1114	1241	2.3		14 54	1740	18 36	2044	レ
11.8	幡屋〃	…	…	758	932	1121	1247	レ		15 02	1746	18 42	2051	2.3
13.9	出雲大東〃	…	…	808	938	1128	1253	14 24	…	15 10	1752	18 48	2057	レ
21.1	(弁)⊖木次〃	…	602	823	1011	1144	1317	14 43	…	17 13	1807	19 12	2112	2342
24.8	⊖日登〃	…	614	…	1018	…	1325	(ちどり)	(八川停車1時間41分)	17 22	┐(木次停車1時間47分)	19 20	…	(夜行ちどり)
31.5	下久野〃	…	634	…	1038	…	1347			17 44		19 41	…	
37.4	出雲八代〃	…	650	…	1052	…	1410			18 03		19 57	…	
41.5	出雲三成〃	…	706	…	1102	…	1419	15 27		18 18		20 07	…	
45.9	亀嵩〃	…	717	…	1111	…	1433	レ		18 29		20 17	…	
52.3	出雲横田〃	…	736	…	1125	…	1450	15 49		19 00		20 35	…	
56.3	八川〃	…	746	…	1134	…	1500	レ	┘	20 51		20 44	…	レ
63.3	出雲坂根〃	⧖	809	…	1156	…	1524	16 19	…	21 16	…	…	…	120
75.3	油木〃	617	841	…	1233	…	1556	レ	…	21 52	…	…	…	152
81.9	(弁)⊖備後落合着	630	856	…	1246	…	1611	17 04	…	22 08	…	…	…	206
…	広島着	…	…	…	…	…	…	20 10	…	…	…	…	…	548

粁程	駅名	3314	412	414	474	462	416	312		476	422	464	418
…	広島発	2340	…	…	…	…	…	10 10	…	…	…	…	…
0.0	(弁)⊖備後落合発	256	…	5 18	…	8 15	12 14	13 10	…	…	…	14 12	17 32
6.6	油木〃	316	…	5 37	…	8 43	12 34	レ	…	…	…	14 36	17 52
18.6	出雲坂根〃	348	…	6 09	…	9 20	13 06	13 58	…	…	…	15 21	18 24
25.6	八川〃	(夜行ちどり)	5 10	6 23	…	9 40	13 21	2.3	┐(ちどり)	…	(木次停車1時間22分)	15 38	18 39
29.6	出雲横田〃		5 18	6 35	…	10 03	13 32	14 20		…		15 52	18 51
36.0	亀嵩〃		5 30	6 48	…	10 18	13 46	レ		…		16 07	19 05
40.4	出雲三成〃		5 39	7 04	…	10 33	13 56	14 42		…		16 20	19 15
44.5	出雲八代〃		5 51	7 16	…	10 54	14 07	レ	…	…		16 32	19 26
50.4	下久野〃		6 02	7 27	…	11 07	14 19	15 06	…	…		16 45	19 42
57.1	⊖日登〃	レ	6 15	7 39	…	11 21	14 33	レ	…	…	┘	16 58	19 55
60.8	(弁)⊖木次〃	507	6 32	7 52	8 50	12 00	14 50	15 30	…	1600	1710	18 28	20 10
68.0	出雲大東〃	レ	6 48	8 06	9 09	12 17	15 12	15 44	米子着17 20	1617	1726	18 51	20 26
70.1	幡屋〃	2.3	6 53	8 11	9 15	12 23	15 17	レ		1623	1731	18 57	20 31
73.2	加茂中〃	レ	7 01	8 18	9 29	12 40	15 24	レ		1631	1739	19 07	20 42
81.9	(弁)⊖宍道着	550	7 22	8 38	9 52	13 03	15 45	16 13	┘	1654	1800	19 30	21 02
98.9	松江着	614	8 04	9 12	…	…	16 22	16 36	…	…	…	…	…

1956年の木次線時刻表。準急「ちどり」は昼行と夜行の2往復体制だった。深夜の油木駅停車が目を惹く。駅での停車時間が長い列車については、その旨が空欄部分に記載されている。

両備軽便鉄道、鞆鉄道、尾道鉄道の時刻表（1926年8月）

両備軽便鉄道、鞆鉄道、尾道鉄道と福山界隈の鉄道が記載された1926（大正15）年8月改正の時刻表。福塩線の前身である両備軽便鉄道は、同年6月に両備鉄道と改称したとされる。しかし、この頁では軽便鉄道と記されたままである。

◎両備福山・府中町・神辺・高屋間
（大正十五年八月十五日改正）
両備軽便鉄道

◎鞆鉄福山・鞆間
（大正十五年八月十五日改正）（途中各駅下車随意）（全部並等客車）
鞆軽便鉄道

○尾道・西市間
（大正十五年十月改正）
尾道鉄道

○廣島瓦斯電軌

●営業時間
下り｛初發午前五時ゟ 終發夜十二時迄
上り｛初發午前五時卅六分ゟ 終發夜十二時十六分迄
廣島呉連絡船自午前八時半至午後七時 一時間半毎に相互地出帆
●廣島市内（宇品を含む）午前七時迄に乗車の方には割引券を發賣す
●賃金　片道券五錢、往復券十錢、割引往復券八錢
普通回數券四十一回分貳圓、同券六十二回分參圓、
通勤回數券五十回分貳圓、通學回數券五十回分壹圓五十錢、外に片道乗車券二十回綴（金壹圓）あり
●停車場名　○本線　本驛前、猿猴橋、的場町、金屋町、稲荷町、山口町、流川町、八丁堀、紙屋町、相生橋、左官町、堺町、土橋、小網町、天滿町、觀音町、福島町、己斐、○御幸線、紙屋町、革屋町、袋町、白神前、公會堂前、鷹野橋、高師前、電鐵前、御幸橋、○宇品線、御幸橋、専賣局前、十五丁目裏、八丁目裏五丁目裏、二丁目裏、御幸松、宇品　○白島線、八丁堀、京口門、税務署前、泉邸前、白島
●横川線左官町、十日市、西九軒町、廣瀬神社、寺町裏、別院前、光隆寺、横川驛、三篠
●廣島呉汽船を通じて呉電氣と連絡す片道卅六錢往復六十四錢
●市外線　○己斐町、○高須、古江、○草津町、荒手、○井ノ口、○五日市町、○隅濱、○廿日市町、○宮内、○地御前、○新宮島、○嚴島
●賃金　片道一區に付四錢三區以上一區に付三錢
●新宮島嚴島間機船賃片道十四錢

広島瓦斯軌道の時刻表（1926年）

広島電気軌道として創業した広島市内の路面軌道は、1917年に広島瓦斯（現・広島ガス）と合併して広島瓦斯軌道になった。大正期、既に市民の足として午前五時台から翌日の午前0時台まで路面電車が運行されていた。

芸備鉄道・呉市内電車・広島電気の時刻表（1926年）

現在の芸備線が芸備鉄道として、広島から備後庄原まで開通していた時代の時刻表。隣にはともに広島電気の路線であった呉市電と現在の可部線についての時刻表が並んでいる。

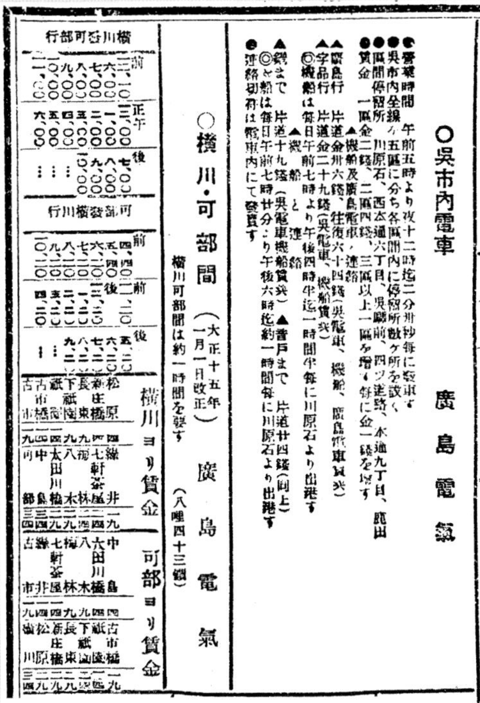
○呉市内電車 廣島電氣

○横川・可部間 （大正十五年一月一日改正） 廣島電氣 （八哩四十三錢）

横川可部間は約一時間を要す

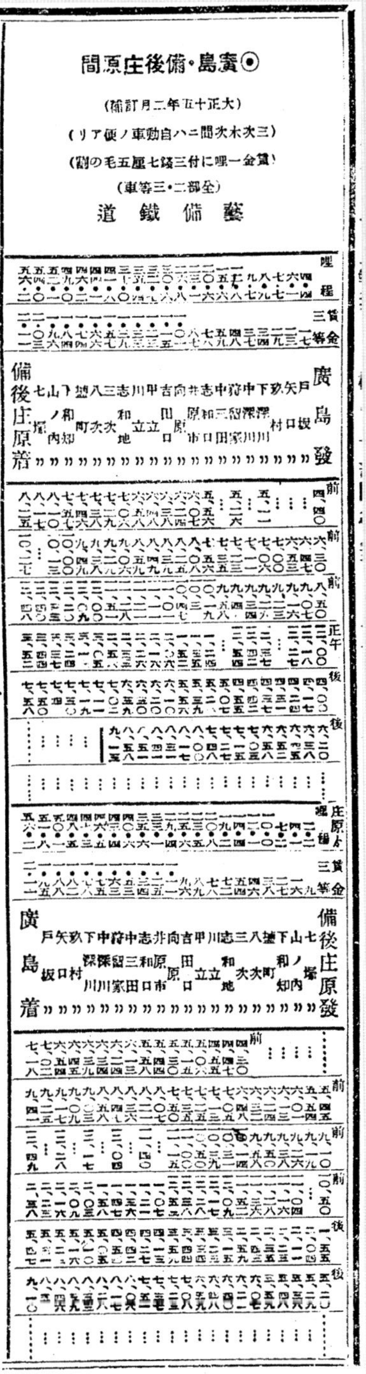
◉廣島・備後庄原間

（大正十五年二月訂補）

（三次木次間ハ自動車ノ便アリ）

（賃金一哩に付三錢七厘五毛の割）

（全部二・三等車）

藝備鐵道

呉線の時刻表（1926年）

1909年に国有鉄道線路名称が制定され、海田市〜呉間が呉線となった大正期の時刻表。呉線の列車で多くが始発終点とする広島駅が合わせて記載されている内容は今日と似通っている。

◉呉海田市廣島間 （大正十五年十月十五日改正） （全部二・三等車） 呉線

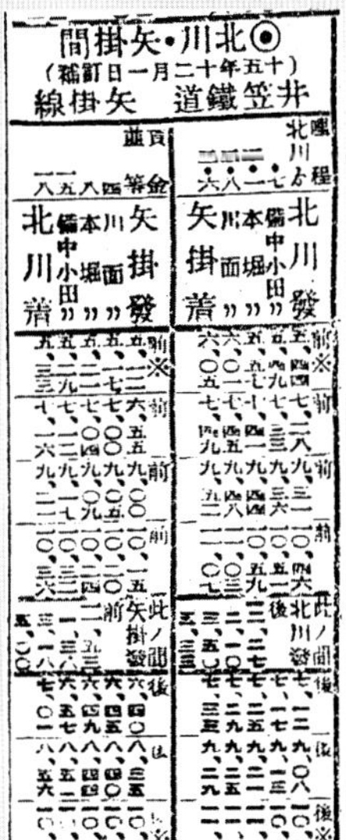
◉北川・矢掛間 （十五年十二月一日訂補） 井笠鐵道 矢掛線

井笠鉄道矢掛線の時刻表（1926年）

本線の北川駅から分岐して、矢掛までを結んでいた井笠鉄道矢掛線。日中は2時間に1往復程度の運転頻度で、全区間の所要時間は20分程だった。

三江南線三次～式敷間14.7キロ区間が開業した。当線は1935年に建設着工となったものの、第二次世界大戦下の混乱期より、長らく建設が滞っていた。◎1955年3月31日　所蔵：窪田正實

廃線

三江線

広島県の三次と、島根県の江津を結ぶ

区間▼江津～三次
駅数▼35駅
全通年月日▼1975(昭和50)年8月31日
路線距離▼108.1キロ
軌間▼1067ミリ
最高速度▼85キロ

江津	ごうつ	0.0km
江津本町	ごうつほんまち	1.1km
千金	ちがね	3.3km
川平	かわひら	7.0km
川戸	かわど	13.9km
田津	たづ	19.3km
石見川越	いわみかわごえ	22.3km
鹿賀	しかが	25.8km
因原	いんばら	28.9km
石見川本	いわみかわもと	32.6km
木路原	きろはら	34.6km
竹	たけ	37.6km
乙原	おんばら	39.8km
石見簗瀬	いわいやなせ	42.7km
明塚	あかつか	45.0km
粕淵	かすぶち	48.1km
浜原	はまはら	50.1km
沢谷	さわだに	53.8km
潮	うしお	59.6km
石見松原	いわみまつばら	62.8km
石見都賀	いわみつが	68.4km
宇都井	うづい	74.8km
伊賀和志	いかわし	78.2km
口羽	くちば	79.7km
江平	ごうびら	83.2km
作木口	さくぎぐち	84.9km
香淀	こうよど	89.7km
式敷	しきじき	93.3km
信木	のぶき	95.1km
所木	ところぎ	97.0km
船佐	ふなさ	98.4km
長谷	ながたに	100.6km
粟屋	あわや	103.1km
尾関山	おぜきやま	106.1km
三次	みよし	108.1km

広島県の北部を走る三江線は、広島県三次市の三次駅から島根県江津市の江津駅に至る、全長108・1キロの路線である。三次駅から江の川と国道375号に沿う形で西に進み、三次市作木町の香淀駅の先で島根県に入るが、その先の伊賀和志駅は広島県側の三次市作木町に存在する。

三江線は、まず島根県側の三江北線から開業した歴史があり、広島県側の三江南線は1955(昭和30)年3月31日に三次～式敷駅間が開業。1963(昭和38)年6月30日に式敷～口羽間が開業。このときに広島県側の三江南線の路線が完成した。その後、1975(昭和50)年8月31日に浜原～口羽間が開通して、現在の三江線が全通している。しかし、このときは口羽駅で線路がつながっておらず、全線の直通運転が開始されるのは、1978(昭和53)年3月30日であった。2018(平成30)年4月1日に全線が廃止されることが決まっている。

三江線は起終点駅の三次駅で芸備線と接続している。現在の三次駅は二代目で、芸備鉄道・国鉄時代には十日市(後に備後十日市)駅と名乗っていた。初代の三次(現・西三次)駅は、1915(大正4)年6月1日、芸備鉄道の終着駅として開業している。その後、1954(昭和)29年11月10日に現在の「西三次」に駅名を改称した。

三江線の終点三次を発車した江津方面行きの列車は、三次市内を流れる馬洗川、江の川を渡ると、早くも谷間の山間部へ入って行く。夏の終わりに穂を出し始めた尾花に見送られて、2両編成のキハ20が走って行った。◎粟屋～尾関山　1980年9月5日　撮影：安田就視

旧国鉄時代の三江線を行くキハ20の普通列車。尾関山～粟屋間に架かる江の川を渡る橋梁は、国道上から列車を見下せる場所として、三江南線時代から愛好家の間では良く知られた景勝地だった。◎尾関山～粟屋　1980年9月5日　撮影：安田就視

一方、十日市駅は1930（昭和5）年1月1日、芸備鉄道の駅として開業した。1933（昭和8）年6月1日に「備後十日市」へと駅名を改称。この駅以東の芸備鉄道線が国鉄の庄原線となり、庄原線と芸備鉄道の接続駅となった。1937（昭和12）年7月1日、当駅以西の芸備鉄道も国有化されて、国鉄芸備線の単独駅と変わっている。戦後の1954（昭和29）年12月10日に三次市の玄関口の駅として、三次駅（二代目）を名乗ることとなった。現在の駅の構造は、単式1面1線、島式1面2線を合わせた2面3線のホームをもつ地上駅で、三江線、芸備線のほか、福塩線の列車も使用している。駅付近は江の川、西城川、馬洗川が合流する地点に近く、市中心部の三次市役所などの最寄り駅となっている。

香淀駅は三次市内に存在するが、その手前の式敷・信木・所木・船佐の4駅は、安芸高田市内に置かれている。これは、このあたりでは江の川に沿って走る三江線が、南側の安芸高田市内を通っているためである（北側は三次市）。香淀駅の先では、江の川の西側を走るため、島根県邑智郡邑南町に入るが、その後に一時、東側を走るために、伊賀和志駅は三次市内の駅となっている。

式敷など4駅が存在する安芸高田市は、戦国大名の毛利元就の本拠地、郡山城があった場所である。2004（平成16）年3月1日に高田郡の吉田、高宮、八千代町など6町が合併して安芸高田市が誕生した。この安芸高田市の中心地区は旧吉田町であるが、旧吉田町には鉄道の駅が存在していなかった。三江線の式敷・信木・所木・船佐の4駅は旧高宮町に置かれている。この旧高宮町は、1956（昭和31）年9月30日に川根、来原、船佐の3村が合併して成立していた。

三次駅の三江南線(後の三江線)用のりばは、構内の西方に切り欠き式のホームがあり、0番線として使用されていた。小さな上屋は閑散路線の風情だ。単行のキハ11が人待ち顔で停車していた。◎1963年8月27日　撮影：荻原二郎

三江南線の所木駅は、江の川がつくり出した深い谷間の小さな集落にある無人駅。三次～式敷間が開業した翌年の1956年7月10日に船佐～式敷間で新設開業した。開業時よりホーム1面1線の棒線駅だ。◎1963年8月27日　撮影：荻原二郎

三江南線の時刻表（1956年11月）

31・11・19改正　三次—式敷　㊍（三江南線）

粁程	駅名	511	531	513	533	515	535	517	537	519	521		
0.0	⊖三次発	6 34	7 45	8 14	9 59	10 58	14 20	14 46	16 52	17 35	20 20	…	…
2.0	尾関山〃	6 37	7 48	8 18	10 02	11 02	14 23	14 50	16 56	17 39	20 24	…	…
4.9	粟屋〃	6 42	7 53	8 22	10 07	11 06	14 28	14 54	17 00	17 44	20 28	…	…
9.7	船佐〃	6 51		8 31		11 15		15 03	17 09	17 53	20 37	…	…
11.1	所木〃	6 54	…	8 34	…	11 18	…	15 06		17 56	20 40	…	…
13.0	信木〃	6 57	…	8 38	…	11 22	…	15 10	Ⅹ	18 00	20 44	…	…
14.7	式敷着	7 00	…	8 41	…	11 25	…	15 13	…	18 03	20 47	…	…

粁程	駅名	512	532	514	534	516	536	518	538	520	522		
0.0	式敷発	7 11	…	8 48	…	11 37	…	15 23	…	18 10	20 55	…	…
1.7	信木〃	7 15	…	8 52	…	11 41	…	15 27	…	18 14	20 59	·	…
3.6	所木〃	7 18	…	8 55	…	11 44	…	15 30	Ⅹ	18 17	21 02	…	…
5.0	船佐〃	7 22	…	8 59	…	11 48	…	15 34	17 12	18 21	21 06	…	…
9.8	粟屋〃	7 31	7 56	9 08	10 10	11 57	14 32	15 43	17 21	18 30	21 15	…	…
12.7	尾関山〃	7 37	8 01	9 13	10 15	12 02	14 37	15 48	17 26	18 35	21 20	…	…
14.7	⊖三次着	7 41	8 05	9 17	10 18	12 06	14 40	15 52	17 30	18 39	21 24	…	…

1963年に式敷～口羽間が延伸開業する以前の三江南線時刻表。三次～式敷間で三次発着の列車は1日10往復。しかし、式敷まで全線を通して運転される列車は6往復となり、日中の運転間隔は4時間近く開いていた。

開業当初より、乗降客の少ない閑散路線だった三江南線には、2軸のレールバスキハ02が充当された時期があった。駐輪場に自転車が整然と並ぶ船佐駅。今日は思いの外、たくさんの子ども達が列車を待っていた。◎船佐駅　提供：吉野隆二

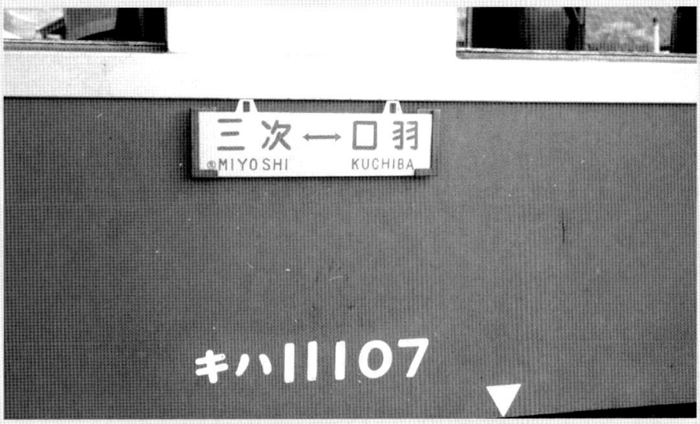

三江南線時代のサボ。小型の機械式気動車やレールバスが入線していた地方路線だったが、口羽までの区間が延伸開業した頃には、全国でよく見られた20メートル級の一般型気動車が単行または2両編成で運用された。◎1963年8月27日　撮影：荻原二郎

三江線尾関山～粟屋間で江の川を渡るキハ20の2両編成。旧国鉄末期の昭和50年代から、一般型気動車の大半は合理化の名の元に赤とクリーム色の2色塗りから、朱色1色の塗装へと塗り替えられていった。愛好家の間では、ケバケバシイ色合いが不評を買ったものだ。◎1980年9月5日　撮影：安田就視

1975年8月31日に浜原〜口羽間29.6キロメートル区間が延伸開業。三江南線と三江北線だった2つの路線は江津〜三次間が三江線となった。三江南線時代の主要駅、式敷のホームには、全通を祝う飾りが施された。◎式敷駅　所蔵:田中みどり

三江線口羽駅の駅舎。石州瓦が葺かれた建物の内部は、待合室になっている。2か所ある出入り口の戸は、木造のままで残されていた。駅前の看板には、2004(平成16)年まで駅の所在地名だった羽須美村の記載がある。◎口羽駅　1973年8月14日　撮影:安田就視

細い1面の島式ホーム上では、列車を待つお客が立ち話に興じている。口羽駅は三江南線時代の終点駅で、三江線となってからも当駅を始発終点とする列車が、三次駅との間に2往復設定されていた。◎口羽駅　1982年10月16日　撮影:安田就視

三次駅の三江線乗り場に、小柄なキハ120が停車する。小さな屋根が葺かれたホーム上に建つ上屋は、閑散路線の出発点にふさわしい長閑な雰囲気を奏でる。三江線は水害の影響を受けて幾度となく運行を止め、三次の0番線が長期間にわたって空になる時期があった。◎所蔵：フォト・パブリッシング

中国山中で蛇行を繰り返す江の川に沿って、三江線は目まぐるしく進路方向を変えていく。香淀～作木口間には、未だ広い川幅の暴れ川に橋梁が架かる。JR化後間もない時期の主力車両はキハ40だった。◎香淀～作木口　1990年12月26日　撮影：安田就視

木次線の時刻表(1940年10月)

十五年十月十日改正　宍道・備後落合間　三等車ノミ(木次線)

粁程	驛名＼行先	601	603	605	607	609	611	613	615	617	619	621
		下り列車										
0.0	宍道 發	…	…	7 16	9 06	10 24	0 16	2 40	4 37	6 00	7 21	8 42
6.7	加茂中 〃	…	…	7 37	9 27	10 44	0 38	3 03	4 57	6 20	7 43	9 02
11.8	幡屋 〃	…	…	7 44	9 33	10 51	0 45	3 10	5 04	6 27	7 50	9 09
13.9	出雲大東 〃	…	…	7 49	9 39	10 58	0 52	3 16	5 09	6 32	7 57	9 14
21.1	〒木次 〃	4 35	6 20	8 08	9 54	11 20	1 14	3 36	5 30	6 47	8 16	9 29
24.8	日登 〃	4 42	6 28	8 15		11 27	1 21	3 43	5 37		8 24	
31.5	下久野 〃	5 00	6 47	8 33	…	11 46	1 40	4 01	5 55	…	8 43	…
37.4	出雲八代 〃	5 15	7 02	8 48	…	0 02	1 56	4 16	6 10	…	8 58	…
41.5	〒出雲三成 〃	5 23	7 11	8 56	…	0 12	2 06	4 26	6 20	…	9 11	…
45.9	龜嵩 〃	5 33	7 21	9 06	…	0 21	2 17	4 37	6 30	…	9 21	…
52.3	出雲横田 〃	5 46	7 34	9 19	…	0 35	2 33	4 54	6 44	…	9 35	…
56.3	八川 〃	5 57	7 44	9 29	…	0 43	2 44	5 04	6 54	…	9 44	…
63.3	出雲坂根 〃	6 18	8 04	9 51	…	1 05	3 10	5 30	7 14	…	10 04	…
75.3	油木 〃	6 53	8 37	10 29	…	1 37	3 42	6 02	7 57	…	10 36	…
81.9	〒備後落合 著	7 08	8 51	10 44	…	1 52	3 56	6 16	8 11	…	10 50	…

(藝備線 六〇、六一頁)

島根県下の宍道駅から険しい山越えを経て広島県山中の備後落合を結ぶ木次線。備後落合着となる列車は、始発駅宍道発の他に途中の主要駅である木次発のものが早朝に設定されていた。

(山陽本線)　特ニ示シタルモノノ外ハ二・三等車

驛名	415 德山行	1025 下關行	137 麻里布行	127 廣島行	119 德山行	107 廣島行	341 麻里布行	39 廣島行	707 糸崎行	117 下關行	131 糸崎行	105 下關行	111 下關行
東京	…	…	…	…	…	…	…	11 40	…	…	…	…	…
京都	…	…	…	10 12	12 00	…	…	0 33	1 45	2 30	3 30	5 00	6 00
大阪	…	0 15	…	11 04	0 45	2 10	…	1 21	2 32	3 13	4 14	5 48	6 45
神戸	…	0 51	…	11 41	1 25	2 46	…	2 01	3 09	3 50	4 50	6 26	7 25
姫路	…	1 45	…	1 02	2 34	3 51	…	3 28	4 29	4 55	6 00	7 29	8 35
岡山	…	3 15	…	3 20	4 37	5 23	…	5 43	6 40	7 18	8 13	9 08	10 20
福山	…	4 07	…	4 40	5 54	6 32	…	7 08	8 07	8 45	9 35	10 36	11 47
備後赤坂	…	ㇾ	…	4 48	6 01	ㇾ	…	7 13	8 14	8 54	9 43	10 44	ㇾ
松永	…	ㇾ	…	4 55	6 08	ㇾ	…	7 21	8 21	9 02	9 50	10 52	0 01
尾道	…	4 27	…	5 08	6 20	6 55	…	7 34	8 34	9 15	10 02	11 06	0 14
糸崎 (着)	…	4 38	…	5 19	6 30	7 05	…	7 44	8 45	9 27	10 13	11 18	0 26
糸崎 (發)	…	4 44	5 29	5 24	6 36	7 12	…	7 50	(靜岡發 5 20)	9 34	…	11 24	0 32
三原	…	ㇾ	5 35	5 29	6 42	7 17	…	7 55		9 40	…	11 30	0 38
本郷	…	ㇾ	5 48	(呉線經由)	6 53	(呉線經由)	…	(呉線經由)	…	9 52	…	11 43	ㇾ
河内	…	ㇾ	6 08		7 11		…		…	10 13	…	0 08	23
白市	…	ㇾ	6 25		7 28		…		…	10 31	…	ㇾ	ㇾ
西高屋	…	ㇾ	6 33		7 35		…		…	10 40	…	ㇾ	ㇾ
西條	…	ㇾ	6 40		7 42		…		…	10 47	…	ㇾ	ㇾ
八本松	…	ㇾ	6 49		7 51		…		…	10 57	…	ㇾ	ㇾ
瀬野	…	ㇾ	7 04		8 04		…		…	11 10	…	ㇾ	ㇾ
安藝中野	…	ㇾ	7 10		8 11		廣發 9 03		…	11 17	…	ㇾ	ㇾ
海田市	…	ㇾ	7 16	7 50	8 17	9 09	9 52	10 28	…	11 23	…	ㇾ	ㇾ
向洋	…	ㇾ	7 21	7 54	8 21	ㇾ	9 56	10 33	…	11 27	…	ㇾ	ㇾ
廣島 (着)	…	6 11	7 28	8 01	8 29	9 18	10 03	10 40	…	11 34	…	1 15	2 14
廣島 (發)	…	6 16	7 43	…	8 35	…	10 08	…	…	11 45	…	1 25	2 20
横川	…	ㇾ	7 49	…	8 41	…	10 14	…	…	11 52	…	1 32	ㇾ
己斐	…	ㇾ	7 55	…	8 46	…	10 19	…	…	11 57	…	1 38	2 29
五日市	…	ㇾ	8 03	…	8 54	…	10 28	…	…	0 06	…	ㇾ	ㇾ
廿日市	…	ㇾ	8 09	…	9 00	…	10 33	…	…	0 12	…	ㇾ	ㇾ
宮島	…	6 38	8 17	…	9 08	…	10 41	…	…	0 21	…	1 55	ㇾ
大野浦	…	ㇾ	8 24	…	9 15	…	10 48	…	…	0 29	…	ㇾ	ㇾ
玖波	…	ㇾ	8 31	…	9 21	…	10 55	…	…	0 36	…	ㇾ	ㇾ
大竹	…	ㇾ	8 38	…	9 27	…	11 02	…	…	0 43	…	ㇾ	ㇾ
麻里布	…	6 58	8 45	…	9 34	…	11 09	…	…	0 51	…	2 17	3 06
麻里布	7 27	(山陽本線經由)	(十二月十五日ヨリ糸崎廣島間延長運轉)	…	9 37	…	…	…	…	0 53	…	(山陽本線經由)	3 09
藤生	7 36			…	9 46	…	…	…	…	ㇾ	…		ㇾ
通津	7 43			…	9 53	…	…	…	…	1 08	…		ㇾ
由宇	7 48			…	9 58	…	…	…	…	1 13	…		ㇾ
大畠	8 00			…	10 12	…	…	…	…	1 27	…		3 38
柳井港	8 07			…	10 19	…	…	…	…	ㇾ	…		3 46
柳井	8 12			…	10 28	…	…	…	…	1 40	…		3 55
田布施	8 20			…	10 36	…	周防高森行	…	…	1 49	…		ㇾ
岩田	8 28			…	10 44	…		…	…	ㇾ	…		ㇾ
島田	8 35		…	…	10 50	…		…	…	2 04	…		ㇾ
光	8 42		…	…	10 57	…		…	…	2 11	…		ㇾ
下松	8 50		…	…	11 05	…		…	…	2 20	…		4 29
櫛ヶ濱	8 56		…	…	11 10	…	819	…	…	ㇾ	…		ㇾ
麻里布	(柳井線經由)	6 59	…	…	(柳井線經由)	…	9 45	…	…	(柳井線經由)	…	2 19	(柳井線經由)
岩國		ㇾ	…	…		…	9 51	…	…		…	2 26	
柱野		ㇾ	…	…		…	10 02	…	…		…	ㇾ	
玖珂		ㇾ	…	…		…	10 17	…	…		…	2 49	
周防高森		ㇾ	…	…		…	10 22	…	…		…	2 54	
米川		ㇾ	…	…		…	…	…	…		…	ㇾ	
高水		ㇾ	…	…		…	…	…	…		…	ㇾ	
勝間		ㇾ	…	…		…	…	…	…		…	ㇾ	
周防久保		ㇾ	…	…		…	…	…	…		…	ㇾ	
周防花岡		ㇾ	…	…		…	…	…	…		…	ㇾ	
櫛ヶ濱	8 56	ㇾ	…	…	11 11	…	…	…	…	ㇾ	…	ㇾ	ㇾ
德山 (着)	9 01	7 49	…	…	11 16	…	…	…	…	2 30	…	3 24	4 41
德山 (發)	…	7 51	…	…	…	…	…	…	…	2 35	…	3 27	4 45
周防富田	…	ㇾ	…	…	…	…	…	…	…	ㇾ	…	ㇾ	ㇾ
福川	…	ㇾ	…	…	…	…	…	…	…	ㇾ	…	ㇾ	ㇾ
戸田	…	ㇾ	…	…	…	…	…	…	…	ㇾ	…	ㇾ	ㇾ
富海	…	ㇾ	…	…	…	…	…	…	…	ㇾ	…	ㇾ	ㇾ
三田尻	…	8 18	…	…	…	…	…	…	…	3 04	下關行	3 56	5 20
大道	…	ㇾ	…	…	…	…	…	…	…	ㇾ		ㇾ	ㇾ
四辻	…	ㇾ	…	…	…	…	…	…	…	ㇾ		ㇾ	ㇾ
小郡 (着)	…	8 36	…	…	…	…	…	…	…	3 24	109	4 15	5 41
小郡 (發)	…	8 42	…	…	…	…	…	…	…	3 32	5 36	4 22	5 48
嘉川	…	ㇾ	…	…	…	…	…	…	…	ㇾ	5 42	ㇾ	ㇾ
阿知須	…	ㇾ	…	…	…	…	…	…	…	ㇾ	5 49	ㇾ	ㇾ
厚東	…	ㇾ	…	…	…	…	…	…	…	ㇾ	6 02	ㇾ	ㇾ
宇部	…	ㇾ	…	…	…	…	…	…	…	ㇾ	6 10	4 52	6 19
小野田	…	ㇾ	…	…	…	…	…	…	…	ㇾ	6 17	5 00	6 27
厚狭	…	ㇾ	…	…	…	…	…	…	…	4 13	6 27	5 10	6 38
埴生	…	ㇾ	…	…	…	…	…	…	…	ㇾ	ㇾ	5 26	6 53
小月	…	ㇾ	…	…	…	…	…	…	…	4 35	6 45	5 34	7 02
長府	…	ㇾ	…	…	…	…	…	…	…	4 44	6 53	5 44	7 11
長門一宮	…	ㇾ	…	…	…	…	…	…	…	4 53	7 01	5 53	7 21
幡生	…	ㇾ	…	…	…	…	…	…	…	5 00	7 07	6 00	7 28
下關	…	9 50	…	…	…	…	…	…	…	5 07	7 14	6 07	7 35

十五年十二月一日改正　廣島瓦斯電軌線 ㊇

市内線	主要停留所名	本驛前、八丁堀、紙屋町、左宮町、己斐、白島、向宇品、横川終點(全區間13.4粁)
	運轉時間	5 40 ヨリ 11 50 マデ頻繁ニ運轉
	運賃	片道5錢、
宮島線	驛名	△西廣島、高須、古江、△草津町、荒手、井ノ口、△電車五日市、樂々園、△電車廿日市、宮内、地御前、阿品、△電車宮島(全區間16.1粁　片道29錢　往復54錢)
	運轉時間	西廣島—電車宮島間 31分ヲ要シ　西廣島發 5 30ヨリ12 00マデ、電車宮島發 5 20ヨリ11 50マデ 20分毎ニ運轉

十五年十一月一日訂補　廣島・宇品間(宇品線)

都合ニヨリ運轉時間ノ變更又ハ運轉中止ノ場合モアリマス。□印ノ驛ハ宇品線内ニ發着スル旅客ノミ取扱フ　氣動車(蒸氣車併用)三等車ノミ

	粁程	運賃	驛名	初發 501	此間 廣島發宇品行	終發 549
下り列車	0.0	全線五錢均一	廣島 發	5 30		9 43
	0.4		□安藝愛宕 〃	5 31	5 46, 0 52, 8 40	9 44
	1.2		□大須口 〃	5 33	6 16, 2 22,	9 46
	1.4		□東段原 〃	5 35	6 50, 3 57,	9 48
	1.8		□南段原 〃	5 36	7 32, 4 21,	9 49
	2.4		□比治山 〃	5 38	7 48, 4 55,	9 51
	2.7		□上大河 〃	5 39	8 32, 5 25,	9 52
	3.3		□下大河 〃	5 41	8 48, 5 51,	9 54
	3.8		□丹那 〃	5 43	9 17, 6 55,	9 56
	4.7		□下丹那 〃	5 45	11 04, 7 45,	9 58
	5.9		宇品 著	5 48		10 01

	驛名	初發 502	此間 宇品發廣島行	終發 550
上り列車	宇品 發	5 51		10 21
	□下丹那 〃	5 53	6 21, 1 36, 9 18	10 23
	□丹那 〃	5 56	6 55, 3 10,	10 26
	□下大河 〃	5 58	7 12, 4 25,	10 28
	□上大河 〃	5 59	7 53, 5 00,	10 29
	□比治山 〃	6 01	8 11, 5 30,	10 31
	□南段原 〃	6 03	8 53, 5 56,	10 33
	□東段原 〃	6 04	9 11, 6 18,	10 34
	□大須口 〃	6 06	10 05, 7 16,	10 36
	□安藝愛宕 〃	6 08	11 26, 8 12,	10 38
	廣島 著	6 09		10 39

十五年十月十日改正　三田尻・堀間 ㊇(防石鐵道線)　連絡驛ノミヲ示ス(ガソリン車併用)

粁程	運賃	驛名	1	3	101	5	103	105
0.0	錢	三田尻(省) 發	7 20	10 10	0 55	3 40	6 15	8 30
1.8	6	周防宮市 〃	7 29	10 19	0 59	3 49	6 20	8 34
7.5	24	眞尾 〃	7 46	10 36	1 15	4 06	6 37	8 50
11.3	36	上和字 〃	7 57	10 47	1 25	4 17	6 48	9 00
13.4	42	岸見 〃	8 03	10 53	1 30	4 23	6 54	9 05
15.8	50	伊賀地 〃	8 10	11 00	1 37	4 30	7 01	9 12
18.7	59	堀 著	8 19	11 09	1 45	4 39	7 10	9 20

粁程	運賃	驛名	2	4	6	102	104	106
0.0	錢	堀 發	6 00	8 45	11 20	2 05	5 00	7 25
2.9	9	伊賀地 〃	6 10	8 55	11 40	2 13	5 10	7 33
5.3	17	岸見 〃	6 17	9 02	11 47	2 20	5 17	7 40
7.4	23	上和字 〃	6 23	9 08	11 53	2 25	5 23	7 45
11.2	35	眞尾 〃	6 34	9 19	0 04	2 35	5 34	7 55
16.9	53	周防宮市 〃	6 51	9 36	0 21	2 51	5 51	8 11
18.7	59	三田尻(省) 著	6 55	9 40	0 25	2 55	5 55	8 15

幡生驛前・唐戸・長府驛前間 ㊄
十五年十二月一日改正　(山陽電氣軌道線)

運賃　全線ヲ17區ニ分チ　1區3錢(小兒半額)

運轉時間
- 幡生驛前・東下關驛間 9分ヲ要シ　7分乃至14分乃至35分毎ニ運轉
- 東下關驛・下關驛前間19分ヲ要シ　7分乃至15分毎ニ運轉
- 長府驛前・下關驛前間34分ヲ要シ10分乃至42分毎ニ運轉

	初發		終發	
長府驛前發	下關驛前行	5 45	下關驛前行	10 32
			鳥居前行	0 18
下關驛前發	鳥居前行	5 30	鳥居前行	11 35
	長府驛前行	5 30	長府驛前行	11 35
	東下關驛行	5 35	東下關驛行	0 05
	幡生驛前行	5 35	幡生驛前行	11 15
幡生驛前發	東下關驛行	6 11	東下關驛行	11 52
	下關驛前行	6 11	下關驛前行	11 21
東下關驛發	下關驛前行	5 00	東下關驛行	11 29
	幡生驛前行	5 55	幡生驛前行	11 35

1935年当時の山陽本線には東京、大阪と下関を結ぶ長距離急行が多く運転されていた。広島駅の発着時刻は深夜、早朝となるものがほとんどだった。当時は麻里布(現・岩国)～柳井～徳山間を柳井線と称し、現在の岩徳線に当たる区間が山陽本線だった。

福塩線の時刻表(1940年10月)

十五年十月十日改正　福山・府中町・備後十日市間(福鹽線)　三等車ノミ

備後十日市方面行

粁程	驛名＼列車番號	901	903	501	503	505	905	507	509	511	907	513	515	517	909	519	521	911	523	525
0.0	福山 發	…	5 18	6 02	6 27	6 58	7 47	7 22	8 45	9 31	10 11	11 00	11 44	0 28	1 05	1 40	2 17	2 47	3 39	4 08
1.8	備後本庄 〃	…	ㇾ	6 06	6 30	7 01	ㇾ	7 26	8 48	9 35	ㇾ	11 03	11 48	0 31	ㇾ	1 43	2 20	ㇾ	3 43	4 12
6.1	横尾 〃	…	5 29	6 16	6 37	7 08	7 57	7 37	8 56	9 42	10 21	11 11	11 55	0 40	1 15	1 50	2 27	2 57	3 52	4 20
8.4	〒神邊 〃	…	5 34	6 21	6 43	7 12	8 02	7 41	9 00	9 46	10 26	11 15	11 59	0 44	1 20	1 56	2 34	3 01	3 56	4 24
10.4	湯田村 〃	…	ㇾ	6 25	6 46	7 16	ㇾ	7 44	9 04	9 50	ㇾ	11 18	0 03	0 47	ㇾ	2 00	2 38	ㇾ	3 59	4 27
11.3	道上 〃	…	5 40	6 28	6 49	7 18	8 08	7 47	9 06	9 53	10 32	11 21	0 05	0 50	1 26	2 02	2 40	3 07	4 02	4 30
13.4	萬能倉 〃	…	5 44	6 32	6 53	7 24	8 15	7 52	9 10	9 57	10 36	11 24	0 09	0 53	1 30	2 06	2 44	3 11	4 09	4 38
14.6	驛家 〃	…	5 48	6 35	6 57	7 27	8 18	7 55	9 13	10 00	10 40	11 27	0 12	0 58	1 34	2 09	2 47	3 15	4 12	4 39
16.0	近田 〃	…	ㇾ	6 38	7 00	7 32	ㇾ	7 59	9 16	10 03	ㇾ	11 30	0 15	0 59	ㇾ	2 12	2 50	ㇾ	4 16	4 42
17.0	戸手 〃	…	5 53	6 41	7 03	7 38	8 23	8 07	9 20	10 09	10 45	11 33	0 19	1 04	1 40	2 16	2 52	3 20	4 18	4 48
18.8	上戸手 〃	…	5 57	6 45	7 10	7 42	8 28	8 10	9 23	10 12	10 49	11 36	0 23	1 08	1 44	2 19	2 56	3 24	4 22	4 52
20.0	新市 〃	…	6 01	6 47	7 12	7 44	8 32	8 13	9 26	10 15	10 53	11 39	0 25	1 10	1 48	2 22	2 58	3 28	4 24	5 54
21.7	高木 〃	…	ㇾ	6 50	7 16	7 47	ㇾ	8 16	9 29	10 18	ㇾ	11 42	0 28	1 13	ㇾ	2 25	3 01	ㇾ	4 27	4 58
22.7	鵜飼 〃	…	ㇾ	6 53	7 18	7 50	ㇾ	8 18	9 31	10 20	ㇾ	11 44	0 31	1 16	ㇾ	2 27	3 04	ㇾ	4 30	5 00
23.6	〒府中町 著	…	6 07	6 55	7 20	7 52	8 38	8 20	9 34	10 22	10 59	11 46	0 33	1 18	1 54	2 29	3 06	3 34	4 32	5 03
	〒府中町 發	…	6 23	電	電	電	8 41	電	…	電	11 02	電	電	電	2 00	電	電	3 38	電	…
27.9	下川邊 〃	…	6 30	車	車	車	8 48	車	…	車	11 10	車	車	車	2 07	車	車	3 45	車	…
34.9	河佐 〃	…	6 44	…	…	…	9 02	…	…	…	11 23	…	…	…	2 20	…	…	3 59	…	…
43.8	備後三川 〃	…	7 03	…	…	…	9 21	…	…	…	11 42	…	…	…	2 39	…	…	4 17	…	…
48.0	備後矢野 〃	…	7 12	…	…	…	9 30	…	…	…	11 51	…	…	…	2 48	…	…	4 26	…	…
51.7	〒上下 〃	5 48	7 27	…	…	…	9 44	…	…	…	0 06	…	…	…	3 01	…	…	4 41	…	…
56.1	甲奴 〃	5 55	7 34	…	…	…	9 51	…	…	…	0 13	…	…	…	3 08	…	…	4 48	…	…
63.7	備後安田 〃	6 06	7 45	…	…	…	10 02	…	…	…	0 24	…	…	…	3 19	…	…	4 59	…	…
68.7	〒吉舍 〃	6 16	7 57	…	…	…	10 12	…	…	…	0 34	…	…	…	3 30	…	…	5 10	…	…
75.0	三良坂 〃	6 26	8 08	…	…	…	10 22	…	…	…	0 44	…	…	…	3 41	…	…	5 21	…	…
79.4	鹽町 〃	6 34	8 15	…	…	…	10 29	…	…	…	0 52	…	…	…	3 48	…	…	5 31	…	…
80.9	神杉 〃	6 38	8 19	…	…	…	10 34	…	…	…	0 56	…	…	…	3 52	…	…	5 39	…	…
84.2	八次 〃	6 44	8 26	…	…	…	10 40	…	…	…	1 03	…	…	…	3 58	…	…	5 45	…	…
86.5	備後十日市 著	6 49	8 31	…	…	…	10 45	…	…	…	1 08	…	…	…	4 03	…	…	5 51	…	…

粁程	驛名	527	913	529	531	533	915	535	537	539	541
0.0	福山 發	4 31	5 02	5 44	6 27	7 01	7 59	8 21	9 01	10 08	10 43
1.8	備後本庄 〃	4 35	ㇾ	5 48	6 31	7 05	ㇾ	8 24	9 05	10 12	10 47
6.1	横尾 〃	4 42	5 12	5 55	6 38	7 13	8 09	8 31	9 12	10 19	10 54
8.4	〒神邊 〃	4 46	5 16	6 02	6 42	7 20	8 13	8 37	9 18	10 23	11 00
10.4	湯田村 〃	4 50	ㇾ	6 06	6 46	7 24	ㇾ	8 41	9 22	10 27	11 04
11.3	道上 〃	4 52	5 22	6 08	6 48	7 26	8 19	8 44	9 24	10 29	11 06
13.4	萬能倉 〃	4 58	5 26	6 12	6 52	7 30	8 23	8 48	9 28	10 33	11 10
14.6	驛家 〃	4 59	5 30	6 15	6 55	7 33	8 27	8 51	9 30	10 36	11 13
16.0	近田 〃	5 02	ㇾ	6 18	6 58	7 36	ㇾ	8 55	9 33	10 39	11 16
17.0	戸手 〃	5 04	5 35	6 21	7 01	7 39	8 32	9 01	9 36	10 41	11 18
18.8	上戸手 〃	5 08	5 39	6 24	7 04	7 42	8 36	9 04	9 39	10 45	11 22
20.0	新市 〃	5 10	5 44	6 27	7 07	7 45	8 40	9 07	9 42	10 47	11 24
21.7	高木 〃	5 14	ㇾ	6 30	7 10	7 48	ㇾ	9 10	9 45	10 50	11 27
22.7	鵜飼 〃	5 16	ㇾ	6 32	7 13	7 50	ㇾ	9 12	9 47	10 53	11 30
23.6	〒府中町 著	5 18	5 50	6 34	7 15	7 52	8 46	9 15	9 50	10 55	11 32
	〒府中町 發	電	5 53	電	電	電	8 50	電	電	電	電
27.9	下川邊 〃	車	6 00	車	車	車	8 57	車	車	車	車
34.9	河佐 〃	…	6 14	…	…	…	9 11	…	…	…	…
43.8	備後三川 〃	…	6 32	…	…	…	9 29	…	…	…	…
48.0	備後矢野 〃	…	6 44	…	…	…	9 40	985	…	…	…
51.7	〒上下 〃	…	6 58	…	…	…	9 52	9 55	…	…	…
56.1	甲奴 〃	…	7 05	…	…	…		10 04	…	…	…
63.7	備後安田 〃	…	7 16	…	…	…		10 20	…	…	…
68.7	〒吉舍 〃	…	7 27	…	…	…	…	10 35	…	…	…
75.0	三良坂 〃	…	7 37	…	…	…	…	10 50	…	…	…
79.4	鹽町 〃	…	7 46	…	…	…	…	10 59	…	…	…
80.9	神杉 〃	…	7 50	…	…	…	…	11 05	…	…	…
84.2	八次 〃	…	7 56	…	…	…	…	11 14	…	…	…
86.5	備後十日市 著	…	8 02	…	…	…	…	11 19	…	…	…

(藝備線 上リ六三頁、下リ六二頁)

国有化された後となる昭和15年当時の福塩線時刻表。福山～府中間で運転する列車の欄には「電車」と但し書きが添えられている。府中町(現・府中)など郵便扱いを行う駅には〒マークを記している。

山陽本線・宇品線の時刻表(1940年10月)

十六年二月十五日訂補　福山・下關間(下リ其一)(山陽本線及柳井線)

粁程	驛名	1035 下關(急行)	1009 下關(不)	9 下關(急行)	1027 下關(急行)	801 徳山行	3 櫻 下關(特急)	401 下關行	113 下關行	1 下關(特急)	1101 廣島行	101 下關行	403 下關行	141 廣島行	143 廣島行	407 徳山行	145 廣島行	21 下關行
0.0	東京發 (12・23頁)	10 00	10 20	10 30	…	…	1 30	…	…	3 00	不			…	…	…	…	10 45
513.6	京都〃	7 42	7 54	8 04	…	…	9 24	…	8 30	10 53	定期	10 20	2・3	…	…	…	…	11 55
556.4	大阪〃	8 30	8 42	8 55	9 35	…	10 07	…	9 15	11 34	10 57	11 07		…	…	…	…	0 50
589.5	神戸〃	9 10	9 20	9 32	10 12	…	10 44	…	9 55	0 11	11 37	11 48		…	…	…	…	1 33
644.3	姫路〃	10 05	10 18	10 28	11 10	…	11 38	…	11 13	1 05	0 50	1 10		…	…	…	…	2 58
732.9	岡山〃	11 31	11 43	11 53	0 46	…	1 15	…	1 20	2 33	2 36	2 49	…	…	…	…	…	4 46
791.2	福山發	レ	0 35	0 45	1 38	…	レ	…	2 29	レ	3 39	4 05	…	…	…	…	…	6 16
797.0	備後赤坂〃	レ	レ	レ	レ	…	レ	…	レ	レ	レ	レ	…	…	…	…	…	6 24
801.9	松永〃	レ	レ	レ	レ	…	レ	…	レ	レ	レ	4 18	…	…	…	…	…	6 32
811.3	尾道〃	0 45	0 55	1 07	1 58	…	レ	…	2 53	レ	4 01	4 32	…	…	…	…	…	6 47
820.8	糸崎著	0 55	1 06	1 18	2 09	…	2 39	…	3 05	3 54	4 12	4 44	…	…	…	…	…	6 59
	糸崎發	1 01	1 12	1 24	2 15	…	2 45	…	3 13	4 00	4 17	4 50	…	…	5 15	5 52	6 25	7 10
822.8	三原〃 (呉線一六頁)	レ	レ	レ	レ	…	レ	…	レ	レ	4 22	レ	…	…	5 21	5 58	6 30	7 16
832.9	本郷〃	レ	レ	レ	レ	…	レ	…	レ	1・2・3	(呉線經由)	(呉線經由)	…	…	5 33	(呉線經由)	6 42	7 28
845.6	河内〃	急行	急行	急行	急行	…	特急さくら	…	2・3	特急富士			…	…	5 54		7 01	7 48
854.0	白市〃	2・3	2	2・3	2・3	…		…		1・2・3			…	…	6 11		7 18	8 06
858.4	西高屋〃					…	2・3	…	レ				…	…	6 19		7 26	8 14
863.0	西條〃					…		…					5 31	6 17	6 27		7 33	8 22
869.0	八本松〃					…		…		(展望車連結)			5 40	6 26	6 36		7 42	8 32
879.6	瀬野〃	レ	レ	レ	レ	…		…	レ				5 53	6 40	6 51		7 55	8 45
884.5	安藝中野〃	レ	レ	レ	レ	…		…	4 45				6 00	6 47	6 58		8 02	8 51
888.4	海田市〃	レ	レ	レ	レ	…	レ	…	4 52		6 48	7 14	6 06	6 54	7 05	8 21	8 11	8 58
890.7	向洋〃	レ	レ	レ	レ	…	レ	…	レ	レ	6 52	7 19	6 12	6 59	7 11	8 26	8 15	9 03
894.8	廣島著	2 29	2 40	2 52	3 42	…	4 15	…	5 02	5 39	6 59	7 26	6 19	7 06	7 18	8 33	8 22	9 10
	廣島發	2 35	2 45	3 00	3 48	…	4 21	…	5 10	5 45	…	7 40	6 24	…	…	8 43	…	9 20
897.8	横川〃 (藝備線六四頁 廣濱線六五頁)	レ	レ	レ	レ	…	レ	…	5 16	レ	…	7 47	6 30	…	…	8 49	…	9 26
900.3	己斐〃	レ	レ	レ	レ	嚴島行連絡船20頁	レ	…	5 21	レ	…	7 53	6 36	…	…	8 56	…	9 33
906.9	五日市〃	レ	レ	レ	レ		レ	…	5 30	レ	…	8 02	6 44	…	…	9 04	…	9 41
910.8	廿日市〃	レ	レ	レ	レ		レ	…	5 35	レ	…	8 08	6 49	…	…	9 10	…	9 47
916.6	宮島〃	レ	レ	レ	レ		レ	…	5 44	6 09	…	8 18	6 57	…	…	9 18	…	9 56
921.5	大野浦〃	レ	レ	レ	レ	…	レ	…	5 51	レ	…	8 25	7 04	徳山行	…	9 25	…	10 03
926.5	玖波〃	レ	レ	レ	レ	…	レ	…	5 58	レ	…	8 33	7 11		…	9 32	…	10 10
930.9	大竹〃	レ	レ	レ	レ	…	レ	…	6 05	レ	…	8 40	7 17		…	9 39	…	10 17
936.2	麻里布著	レ	レ	レ	4 31	…	5 01	…	6 12	レ	…	8 47	7 24	405	…	9 46	…	10 24
0.0	(柳井線) 麻里布發	(山陽本線經由)	(山陽本線經由)	(山陽本線經由)	(山陽本線經由)	…	(山陽本線經由)	…	6 16	(山陽本線經由)	…	(山陽本線經由)	7 29	8 57	…	9 51	…	(山陽本線經由)
7.3	藤生〃					…		…	6 25		…		7 38	9 06	…	10 01	…	
12.5	通津〃					…		…	6 33		…		7 45	9 13	…	10 08	…	
15.5	由宇〃					…		…	6 38		…		7 51	9 18	…	10 13	…	
25.8	大畠〃					…		…	6 51		…		8 04	9 30	…	10 32	…	
30.3	柳井港〃					…		…	6 58		…		8 11	9 40	…	10 39	…	
33.1	柳井〃					…		5 40	7 06		…		8 20	9 48	…	10 44	…	
39.3	田布施〃					…		5 48	7 14		…		8 29	9 56	…	10 52	…	
44.8	岩田〃					…		5 56	7 23		…		8 39	10 04	岩國行	11 01	…	
49.8	島田〃					…		6 02	7 30		徳山行		8 46	10 11		11 08	…	
54.6	光〃					…		6 09	7 37				8 53	10 18		11 16	…	
60.8	下松〃					…		6 17	7 46				9 04	10 26	3	11 24	…	
65.4	櫛ヶ濱著					…		6 23	7 52		813		9 12	10 32	833	11 30	…	
936.2	麻里布發	レ	(豫メ驛ヘ問合セ下サイ 不定期列車ニ付乗車ノ際)	レ	4 32	…	5 03	(柳井線經由)	(柳井線經由)	レ	6 42	8 51	(柳井線經由)	(柳井線經由)	8 13	(柳井線經由)	…	10 30
939.9	岩國〃	レ		レ	レ	…	レ			レ	6 47	8 58			8 20		…	10 36
944.7	柱野〃	レ		レ	レ	…	レ			レ	6 54	9 08					…	10 44
953.3	玖珂〃	レ		レ	レ	5 37	レ			レ	7 06	9 25			…		…	11 02
956.8	周防高森〃	レ		レ	レ	5 42	レ			レ	7 11	9 31			…		…	11 08
960.6	米川〃	レ		レ	レ	5 48	レ			レ	7 17	9 37			…		…	11 17
965.0	高水〃	レ		レ	レ	5 55	レ			レ	7 24	9 47			…		…	11 25
967.3	勝間〃	レ		レ	レ	5 59	レ			レ	7 28	9 55			…		…	11 29
970.9	周防久保〃	レ		レ	レ	6 05	レ			レ	7 34	10 02			…		…	11 36
976.0	周防花岡〃	レ		レ	レ	6 12	レ			レ	7 40	10 10			…		…	11 43
979.9	櫛ヶ濱〃	レ		レ	レ	6 18	レ	6 24	7 53	レ	7 46	10 16	9 13	10 33	…	11 31	…	11 49
983.3	徳山著	4 09	4 24	4 35	5 30	6 23	レ	6 29	7 58	レ	7 51	10 21	9 19	10 38	…	11 36	…	11 54
	徳山發	4 11	4 27	4 37	5 32	…	レ	6 31	8 02	レ	…	10 23	9 24	…	…	…	…	11 56
987.4	周防富田〃 (防長線六八頁)	レ	レ	レ	レ	下關行	レ	6 37	8 08	レ	…	10 29	9 30	…	…	…	…	0 02
990.3	福川〃	レ	レ	レ	レ		レ	6 41	8 13	レ	…	10 35	9 36	…	…	…	…	0 07
994.1	戸田〃	レ	レ	レ	レ		レ	6 47	8 19	レ	…	10 41	9 42	…	…	…	…	0 13
1,002.6	富海〃	レ	レ	レ	レ	139	レ	6 58	8 30	レ	…	10 53	9 54	…	…	…	…	0 24
1,009.8	三田尻〃	レ	4 54	5 04	5 59	6 06	レ	7 08	8 41	7 54	…	11 04	10 04	…	…	…	…	0 35
1,017.6	大道〃	レ	レ	レ	レ	6 15	レ	7 17	8 50	レ	…	11 14	10 14	…	…	…	…	0 44
1,022.4	四辻〃	レ	レ	レ	レ	6 23	レ	7 25	8 58	レ	…	11 22	10 23	…	…	…	…	0 52
1,027.6	小郡著	4 58	5 12	5 24	6 17	6 30	6 39	7 31	9 04	8 12	…	11 30	10 30	…	…	…	…	0 58
	小郡發 (山口線六九頁)	5 05	5 19	5 30	6 25	6 35	6 45	7 36	9 11	8 17	…	11 40	10 36	…	…	…	…	1 05
1,031.6	嘉川〃	レ	レ	レ	レ	6 42	レ	7 42	9 18	レ	…	11 47	10 43	…	…	…	…	1 11
1,036.1	阿知須〃	レ	レ	レ	レ	7 02	レ	7 48	9 24	レ	…	11 54	10 50	…	…	…	…	1 18
1,046.4	厚東〃	レ	(不定期列車)	レ	レ	7 14	レ	8 01	9 38	レ	…	0 10	11 06	…	…	…	…	1 32
1,052.9	宇部〃	レ		レ	レ	7 23	レ	8 09	9 47	レ	…	0 19	11 15	…	…	…	…	1 41
1,056.4	小野田〃	レ		レ	レ	7 29	レ	8 15	9 53	レ	…	0 26	11 22	…	…	…	…	1 47
1,062.7	厚狭〃	レ	レ	レ	7 03	7 39	7 22	8 25	10 04	レ	…	0 38	11 32	門司行連絡船一三〇頁	釜山行連絡船二四六頁	…	…	1 58
1,071.0	埴生〃	レ	レ	レ	レ	7 51	レ	8 36	10 16	レ	…	0 53	11 47			…	…	2 10
1,077.2	小月〃	レ	レ	レ	レ	7 59	レ	8 44	10 24	レ	…	1 02	11 56			…	…	2 19
1,083.4	長府〃	レ	レ	レ	レ	8 07	レ	8 52	10 33	レ	…	1 11	0 05			…	…	2 27
1,089.3	長門一ノ宮〃	レ	レ	レ	レ	8 15	レ	9 00	10 42	レ	…	1 21	0 15			…	…	2 36
1,093.0	幡生〃	レ	レ	レ	レ	8 22	レ	9 06	10 48	レ	…	1 28	0 22			…	…	2 43
1,097.1	下關著	6 30	6 40	6 50	7 42	8 29	8 00	9 13	10 55	9 25	…	1 35	0 29			…	…	2 50

福山・下關間(下リ其二)

驛名	307 廣島行	121 下關行	845 徳山行	445 下關行	123 廣島行	23 下關行	149 廣島行	1037 下關(急行)	1005 下關(急行)	5 下關(急行)	413 小郡行	825 徳山行	125 下關行	19 下關(急行)	115 廣島行	1007 下關(急行)	7 下關(急行)
東京發	…	…	…	…	…	3 25	…	8 20	8 35	8 40	…	…	…	10 10	…	10 50	[illegible]
京都〃	…	…	…	…	…	4 22	…	6 40	7 00	7 12	…	…	7 24	9 02	…	9 42	[illegible]
大阪〃	…	…	…	…	…	5 13	…	7 30	7 45	8 00	…	…	8 12	9 50	8 20	10 30	[illegible]
神戸〃	…	…	…	…	…	6 01	…	8 11	8 22	8 40	…	…	8 48	10 30	8 56	11 10	[illegible]
姫路〃	…	4 50	…	…	6 00	7 28	…	9 10	9 20	9 36	…	…	9 52	11 24	10 15	0 08	[illegible]
岡山〃	6 13	6 57	…	…	8 05	9 37	…	10 36	10 46	11 01	…	…	11 20	0 48	0 23	1 40	[illegible]
福山發	7 28	8 19	…	…	9 28	10 57	…	11 27	11 41	11 56	…	…	0 41	1 40	1 56	2 32	[illegible]
備後赤坂〃	7 36	8 26	…	…	9 34	11 04	…	レ	レ	レ	…	…	0 49	レ	2 03	レ	レ
松永〃	7 42	8 34	…	…	9 41	11 11	…	レ	レ	レ	…	…	0 56	レ	2 11	レ	レ
尾道〃	7 54	8 47	…	…	9 53	11 24	…	11 49	0 02	0 17	…	…	1 08	2 01	2 23	2 52	[illegible]
糸崎著	8 05	8 57	…	…	10 04	11 34	…	12 00	0 12	0 27	…	…	1 19	2 12	2 34	3 03	[illegible]
糸崎發	8 12	9 05	…	…	10 10	11 40	11 44	0 08	0 18	0 32	…	…	1 27	2 19	2 40	3 08	[illegible]
三原〃	8 18	9 11	…	…	10 16	11 45	11 49	レ	レ	レ	…	…	1 33	レ	2 46	レ	レ
本郷〃	(呉線經由)	9 23	…	…	(呉線經由)	(呉線經由)	0 01	急行	レ	レ	…	…	(呉線經由)	急行	2 58	急行	(呉線經由)
河内〃		9 42	…	…			0 19	2・3	急行	急行	…	…		2・3	3 17	2	
白市〃		9 58	…	…			0 35		2	2・3	…	…			3 34		
西高屋〃		10 06	…	…			0 43	レ			…	…			3 42		
西條〃		10 13	…	…			0 50				…	…			3 49		
八本松〃		10 22	…	呉發 10 41			0 59				呉發 2 08	…		レ	3 58	(不定期列車)	1・2
瀬野〃		10 35	…				1 12	レ	レ	レ		…		レ	4 11		
安藝中野〃		10 42	…				1 19	レ	レ	レ		…		レ	4 18		
海田市〃	10 44	10 48	…	11 22	0 38	2 06	1 24	レ	1 41	1 53	2 47	…	3 55	3 40	4 24	レ	レ
向洋〃	10 48	10 53	…	11 26	0 42	2 10	1 29	レ	レ	レ	2 51	…	レ	レ	4 28	レ	レ
廣島著	10 55	10 59	…	11 33	0 49	2 17	1 35	1 39	1 50	2 01	2 58	…	4 03	3 48	4 35	4 53	[illegible]
廣島發	…	11 07	…	11 49	…	2 26	…	1 44	1 55	2 06	3 08	…	4 10	3 55	…	5 00	[illegible]
横川〃	…	11 13	…	11 55	…	2 32	…	レ	(不定期列車)	レ	3 14	…	4 16	レ	…	レ	レ
己斐〃	…	11 19	…	12 00	…	2 39	…	レ		レ	3 20	…	4 22	レ	…	レ	1・2
五日市〃	…	11 27	…	0 08	…	2 47	…	レ		レ	3 28	…	4 30	レ	…	レ	
廿日市〃	…	11 33	…	0 14	…	2 52	…	レ		レ	3 33	…	4 36	レ	…	レ	レ
宮島〃	…	11 41	…	0 22	…	3 01	…	2 06	2 17	2 28	3 42	…	4 44	4 17	…	5 24	[illegible]
大野浦〃	徳山行	11 48	…	0 29	徳山行	3 08	…	レ	レ	レ	3 49	…	4 51	レ	…	レ	レ
玖波〃		11 55	…	0 35		3 14	…	レ	レ	レ	3 55	…	4 58	レ	…	レ	レ
大竹〃		0 01	…	0 41		3 20	…	レ	レ	レ	4 02	…	5 04	レ	…	レ	レ
麻里布著	409	0 08	…	0 48	411	3 27	…	2 26	2 37	2 48	4 09	…	5 11	4 37	…	5 44	[illegible]
(柳井線) 麻里布發	11 00	(山陽本線經由)	…	0 57	2 09	(山陽本線經由)	…	2 28	2 38	2 48	4 13	…	5 21	(山陽本線經由)	…	(豫メ驛ヘ問合セ下サイ 不定期列車ニ付乗車ノ際)	(山陽本線經由)
藤生〃	11 11		…	1 06	2 18		…	レ	レ	レ	4 22	…	5 30		…		
通津〃	11 21		…	1 13	2 25		…	レ	レ	レ	4 29	…	5 37		…		
由宇〃	11 28		…	1 18	2 30		…	レ	レ	レ	4 34	…	5 42		…		
大畠〃	11 44		…	1 31	2 43		…	レ	レ	レ	4 46	…	5 54		…		
柳井港〃	11 55		…	1 44	2 50		…	レ	レ	レ	4 53	…	6 01		…		
柳井〃	0 05		…	1 50	3 27		…	レ	3 13	3 23	4 59	…	6 08		…		
田布施〃	0 14		…	1 58	3 35		…	レ	(豫メ驛ヘ問合セ下サイ 不定期列車ニ付乗車ノ際)	レ	5 07	…	6 14		…		
岩田〃	0 25		…	2 06	3 45		岩國行	レ		レ	5 15	…	6 22		…		
島田〃	0 33		…	2 12	3 54			レ		レ	5 21	…	6 29		…		
光〃	0 40		…	2 19	4 00			レ		レ	5 28	…	6 35		…		
下松〃	0 50		…	2 27	4 09		3	レ		レ	5 36	…	6 44		…		
櫛ヶ濱著	0 56		…	2 33	4 16		835	レ		レ	5 42	…	6 50		…		
麻里布發	(柳井線經由)	0 11	0 55	(柳井線經由)	(柳井線經由)	3 29	3 02	(柳井線經由)	(柳井線經由)	(柳井線經由)	(柳井線經由)	5 18	(柳井線經由)	4 38	…	5 46	[illegible]
岩國〃		0 17	1 04			3 37	3 09					5 24		レ	…	レ	レ
柱野〃		0 24	1 11			3 44						5 31		レ	…	レ	レ
玖珂〃		0 35	1 23			3 56	…					5 43		レ	…	レ	レ
周防高森〃		0 42	1 32			4 01	…					5 49		レ	…	レ	レ
米川〃		0 48	1 37			4 06	…					5 55		レ	…	レ	レ
高水〃		0 55	1 44			4 13	…					6 02		レ	…	レ	レ
勝間〃		1 01	1 49			4 17	…					6 07		レ	…	レ	レ
周防久保〃		1 13	1 55			4 23	…					6 13		レ	…	レ	レ
周防花岡〃		1 19	2 05			4 29	…					6 20		レ	…	レ	レ
櫛ヶ濱〃	0 57	1 25	2 11	2 34	4 17	4 35	…	レ		レ	5 43	6 25	6 51	レ	…	レ	レ
徳山著	1 02	1 30	2 17	2 39	4 22	4 40	…	3 35	3 48	3 58	5 48	6 30	6 57	5 30	…	6 39	[illegible]
徳山發	…	1 32	…	2 41	…	4 42	…	3 39	3 49	3 59	5 50	…	7 00	5 32	…	6 41	[illegible]
周防富田〃	…	1 37	…	2 47	…	4 47	…	レ	レ	レ	5 56	…	7 06	レ	…	レ	レ
福川〃	…	1 42	…	2 52	…	4 52	…	レ	レ	レ	6 01	…	7 10	レ	…	レ	レ
戸田〃	…	1 48	…	2 58	…	4 58	…	レ	レ	レ	6 07	…	7 16	レ	…	レ	レ
富海〃	…	1 58	…	3 09	…	5 08	…	レ	レ	レ	6 18	…	7 27	レ	…	レ	レ
三田尻〃	…	2 09	…	3 19	…	5 19	…	レ	4 16	4 28	6 28	…	7 37	5 59	…	7 08	[illegible]
大道〃	…	2 16	…	3 28	…	5 28	…	レ	レ	レ	6 37	…	7 46	レ	…	レ	レ
四辻〃	…	2 26	…	3 36	…	5 36	…	レ	レ	レ	6 45	…	7 54	レ	…	レ	レ
小郡著	…	2 32	…	3 43	…	5 42	…	4 19	4 34	4 45	6 52	…	8 00	6 18	…	7 26	[illegible]
小郡發	…	2 37	…	3 48	…	5 47	…	4 24	4 40	4 50	…	…	8 05	6 24	…	7 32	[illegible]
嘉川〃	門司行連絡船一三〇頁 釜山行連絡船二四六頁	2 43	…	3 54	…	5 53	…	レ	レ	レ	…	下關行 727 3	8 11	レ	…	レ	レ
阿知須〃		2 50	…	4 01	…	6 00	…	レ	レ	レ	…		8 18	レ	…	レ	レ
厚東〃		3 02	…	4 14	…	6 12	…	レ	レ	レ	…		8 30	レ	…	レ	レ
宇部〃		3 10	…	4 22	…	6 21	…	4 51	レ	レ	…		8 39	レ	…	レ	レ
小野田〃		3 17	…	4 29	…	6 27	…	レ	レ	レ	…		8 45	レ	…	レ	レ
厚狭〃		3 27	…	4 39	…	6 36	…	レ	5 15	5 25	…	5 44	8 54	レ	…	レ	レ
埴生〃		3 38	…	4 50	…	6 47	…	レ	レ	レ	…	5 56	9 08	レ	…	レ	レ
小月〃		3 46	…	4 59	…	6 55	…	レ	レ	レ	…	6 04	9 14	レ	…	レ	レ
長府〃		3 54	…	5 07	…	7 03	…	レ	レ	レ	…	6 11	9 21	レ	…	レ	レ
長門一ノ宮〃		4 02	…	5 15	…	7 11	…	レ	レ	レ	…	6 19	9 29	レ	…	レ	レ
幡生〃		4 08	…	5 21	…	7 17	…	レ	レ	レ	…	6 26	9 35	レ	…	レ	レ
下關著		4 15	…	5 27	…	7 24	…	5 35	5 51	6 01	…	6 32	9 42	7 35	…	8 40	[illegible]

鞆鉄道・尾道鉄道の時刻表(1940年10月)

十五年十月十日改正　尾道・市間(電車)(連) (尾道鐵道線) 連絡驛ノミヲ示ス

粁程	運賃	驛名	1	3	5	此間 尾道發 市行		21	23	25
0.0	錢	尾道(省)發	5 40	6 48	8 12			6 24	7 48	9 32
2.9	5	栗原〃	5 52	7 00	8 24	9 27	3 50	6 37	8 00	9 42
5.9	14	三成〃	6 01	7 09	8 33	10 55	5 10	6 46	8 09	9 52
9.1	22	石畦〃	6 12	7 19	8 43	0 21		6 56	8 19	10 02
13.3	34	畑〃	6 25	7 33	8 57	1 23		7 00	8 33	10 16
17.1	45	市著	6 37	7 45	9 09	2 32		7 22	8 45	10 28

粁程	運賃	驛名	2	4	6	此間 市發 尾道行		22	24	26
0.0	錢	市發	5 42	6 50	8 14			6 27	7 50	8 55
3.8	11	畑〃	5 57	7 05	8 29	9 30	3 52	6 42	8 05	9 10
8.0	23	石畦〃	6 10	7 18	8 42	10 57	5 12	6 55	8 18	9 23
11.2	32	三成〃	6 19	7 27	8 51	0 04		7 04	8 27	9 32
14.2	40	栗原〃	6 28	7 36	9 01	1 22		7 13	8 38	9 42
17.1	45	尾道(省)著	6 38	7 47	9 11	2 33		7 23	8 47	9 52

十五年十月十日改正　福山・鞆・仙酔公園間(連)　連絡驛ノミヲ示ス (鞆鐵道線)(自動車及ガソリン車併用)

粁程	運賃	驛名	1	3	此間 福山發 鞆行	21	23	25
0.0	錢	福山(省)發	5 35	6 30		8 16	9 00	10 10
1.8	5	草戸稲荷〃	5 41	6 37	7 44, 8 30, 9 35	8 24	9 06	10 18
5.5	14	水呑〃	5 52	6 48	10 40, 11 30, 0 16	8 34	9 18	10 28
6.7	16	葛城〃	5 56	6 52	0 55, 2 05, 3 21	8 38	9 21	10 32
9.0	22	田尻村〃	6 01	6 58	4 13, 5 06, 6 05	8 43	9 27	10 37
12.5	30	鞆著	6 10	7 07	7 12	8 52	9 36	10 46

粁程	運賃	驛名	2	102	此間 鞆發 福山行	22	24	26
0.0	錢	鞆發	5 10	6 22		7 55	9 00	9 48
3.5	9	田尻村〃	5 19	6 34	8 40, 9 35, 10 19	8 04	9 09	9 57
5.8	14	葛城〃	5 25	6 42	11 05, 11 45, 1 00	8 09	9 14	10 02
7.0	17	水呑〃	5 29	6 48	2 00, 3 00, 3 48	8 13	9 19	10 08
10.7	26	草戸稲荷〃	5 41	7 01	4 58, 6 06, 7 10	8 25	9 29	10 17
12.5	30	福山(省)著	5 48	7 09		8 31	9 35	10 23

驛名…福山—鞆—仙酔公園間(13.5 粁 運賃 35 錢)
運轉時間…全區間 40 分ヲ要ス
福山發 7 00 ヨリ 9 50 マデ / 仙酔公園發 6 40 ヨリ 8 05 マデ　40分乃至60分毎ニ運轉

1940年当時、山陽地方にあった私鉄の時刻表をまとめたページ。鞆鉄道の欄には列車の動力近代化を図るべく、「自動車及ガソリン車併用」と記載されている。

可部線の時刻表(1940年10月)

十五年十月十日改正　横川・可部・安藝飯室間(可部線)
山陽本線{下リ13—15頁 上リ 18頁}　(横川・可部間ハ電車) 三等車ノミ

粁程	運賃	驛名	701	703	705	707	709	此ノ間 横川發可部行			1743	1745	1747
0.0	錢	横川發	5 00	5 22	5 44	6 05	6 28				10 37	11 21	11 59
1.0	5	三瀧〃	5 02	5 24	5 46	6 08	6 30				10 39	11 23	0 01
1.7	5	新庄橋〃	5 04	5 26	5 48	6 10	6 32	6 50	11 58	5 51	10 41	11 25	0 03
2.3	5	安藝長束〃	5 05	5 27	5 49	6 11	6 33	7 12	0 20	6 13	10 43	11 27	0 05
3.0	5	安藝山本〃	5 07	5 29	5 51	6 13	6 35	7 34	0 42	6 35	10 45	11 29	0 07
3.6	5	下祇園〃	5 08	5 30	5 52	6 14	6 36	7 56	1 37	6 57	10 46	11 30	0 08
4.1	10	祇園〃	5 09	5 31	5 53	6 15	6 37	8 18	1 59	7 19	10 48	11 32	0 10
5.0	10	古市橋〃	5 13	5 33	5 56	6 18	6 40	8 40	2 31	7 41	10 51	11 34	0 14
6.4	10	安〃	5 15	5 36	5 58	6 20	6 42	9 02	2 55	8 03	10 53	11 36	0 16
7.0	10	綠井〃	5 17	5 37	6 00	6 22	6 44	9 24	3 17	8 25	10 55	11 38	0 18
7.8	15	七軒茶屋〃	5 18	5 39	6 01	6 23	6 45	9 46	3 39	8 47	10 56	11 39	0 20
8.6	15	七軒屋〃	5 20	5 41	6 05	6 27	6 49	10 08	4 01	9 08	10 58	11 41	0 21
9.3	15	梅林〃	5 22	5 44	6 06	6 28	6 50	10 30	4 23	9 31	11 00	11 43	0 23
10.6	20	中八木〃	5 25	5 47	6 09	6 31	6 53	10 52	4 45	9 53	11 03	11 46	0 26
11.5	20	上八木〃	5 26	5 48	6 10	6 3[illegible]	6 54	11 14	5 07	10 15	11 04	11 47	0 28
12.3	20	安藝中島〃	5 28	5 50	6 12	6 34	6 56	11 36	5 29		11 06	11 49	0 30
13.7	20	可部著	5 31	5 53	6 15	6 37	6 59				11 09	11 52	0 32

可部までが開通していた時代の可部線。近郊路線らしく、日中の運転時刻は起終点駅の発車時刻のみが記載されている

広島～宇品間のサボ。宇品線の列車は第二次世界大戦後から全線廃止までの間、常に縮小傾向が続いた。宇品まで営業していた時代の末期に1日14往復あった旅客列車は上大河～宇品間の廃止で平日4往復、休日2往復に減少した。◎宇品駅 1964年7月13日 撮影：荻原二郎

廃線

宇品線

広島と宇品港と結ぶため、陸軍が建設

区間▼広島～宇品
駅数▼7駅
全通年月日▼1894（明治27）年8月21日
路線距離▼5.9キロ
軌間▼1067ミリ
最高速度▼不詳

待合室、改札口周りに扉等が設けられておらず、閑散とした雰囲気を湛える宇品線の終点宇品駅舎。末端区間に当たる上大河～宇品間は、1966年12月20日に広島方の区間を残して廃止された。◎1964年7月13日 撮影：荻原二郎

広島	ひろしま	0.0km
大須口（信）	おおずぐち	＊＊
南段原	みなみだんばら	1.8km
上大河	かみおおこう	2.4km
下大河	しもおおこう	3.3km
丹那	たんな	3.8km
宇品	うじな	5.9km

宇品線は、その名の通り、広島市南部の宇品（港）に至る路線で、1894（明治27）年に勃発した日清戦争のための軍事専用線として建設されたものである。10年後の1904（明治37）年に勃発した日露戦争においても、日本各地から山陽鉄道（現・山陽本線）の広島駅を経由する形で、軍港である宇品港に人員、物資を輸送する補給路としての大きな役割を果たした。

宇品線は当時、大陸における情勢の変化を受けて、急務の軍事専用線として、1894（明治27）年8月4日に工事が開始され、同月20日に竣工、21日に開業するという異例の速さで完成している。陸軍省の委託により山陽鉄道が建設し、3年後の1897（明治30）年から、山陽鉄道が陸軍省から借り入れて、一般営業を開始した。1906（明治39）年12月1日に山陽鉄道が国有化されると、鉄道作業局に所属する路線（国鉄線）になっている。その後、1919（大正8）年8月1日に旅客営業が廃止されて、山陽本線に編入されて貨物専用線となった。1930（昭和5）年12月20日、芸備鉄道が鉄道省から借り受けて、旅客営業が再開された。このときから、ガソリンカーが使用されるようになった。芸備鉄道は、新しい停留場（駅）も複数、建設している。その後、1937（昭和12）年7月1日に芸備鉄道が国有化され、改めて国鉄の宇品線となった。

この宇品線は、わずか5・9キロの短い路線であり、競合する路線として、路面電車の広島電気軌道（後の広島瓦斯電軌、現・広島電鉄）が存在し、経営的には苦しい状態であった。そのため、戦前においては、多くの停留場（駅）が設置されていたが、戦中に一部が廃止されている。

戦後、赤字路線にも転落したことにより、1966（昭和41）年12月20日に上大河～宇品間が廃止された。1972（昭和47）年3月7日に宇品線の廃止が申請され、4月1日に国鉄線と

宇品駅のプラットホーム。旅客ホームは1面1線だったが、全長563メートルで営業当時は日本一の長さであったという説がある。軍事輸送の拠点であった時代の名残だ。小柄なキハ04が1両で佇む。◎1964年7月13日　撮影：荻原二郎

しての宇品線は廃止された。その後は、東広島駅を起点とする宇品四者協定線として、貨物列車が運転されていたが、これも1986（昭和61）年10月1日に廃止された。

廃止時には、広島～宇品間に大須口・南段原・上大河・下大河・丹那の5つの中間駅が置かれていた。このうち、広島市西蟹屋町（現・南区西蟹屋）にあった大須口駅の北側には、広島駅方面への旅客線、東広島駅方面への貨物線が分岐するデルタ線が設置されていた。

また、広島市出汐町（現・南区出汐）に存在した上大河駅付近には、戦前には広島陸軍被服支廠、広島陸軍兵器支廠が置かれており、場所が移動し、駅の名称も変化している。戦後、旧陸軍施設の跡地に広島県庁などの施設が移転してきたことにより、1947（昭和22）年3月20日に初代の上大河駅は廃止、一時休止していた比治山駅が二代目上大河駅として復活し、駅のバトンタッチが行われている。

終着駅の宇品駅は、現在の南区宇品に置かれていた。旅客用として使用されていた単式1面1線のホームのほか、貨物用の複数のホームが存在していた。この駅のホームは563メートルの長さを誇り、日本一長いホームといわれていた。駅の跡地は、広島高速3号線宇品出入口として利用されている。このほか、広島駅に近い宇品線の線路だった土地は、広島市道段原蟹屋線などとして再利用されている。

旧宇品駅の周辺は、広島湾の埋め立てにより成立した新開地で、1884（明治17）年から宇品港（現・広島港）の築港事業が開始された。1887（明治20）年に広島市に編入されて、宇品町となった。1889（明治22）年には築港事業が竣工し、宇品島がこの新開地と地続きとなった。その後、2本の宇品線の開通により、市街地として発展し、現在は南区の一部となっている。

戦前の駅舎(絵葉書)

所蔵:フォト・パブリッシング

城内の一部へ用意された狭小地に建つ福山駅。長屋のような形の切妻屋根の木製駅舎だ。後ろに城郭が見える。

洋風建築の香りが伝わって来る尾道駅舎。シンメトリーの構造で、両端部分に広い部屋があるデザインである。

駅前に集まった大勢の人が一斉に写真機の方を向いた呉駅。未だ和装の人が目立つ近代化黎明期の情景だ。

初代の広島駅舎。寄棟瓦葺屋根の和風な造りである。大きな出入り口の上屋や屋根が、拠点駅の威厳を湛える。

重厚な雰囲気を漂わせる二代目駅舎が建つ広島駅前。自動車と人力車が並び、近代化へと移行する街の交通を窺わせる。

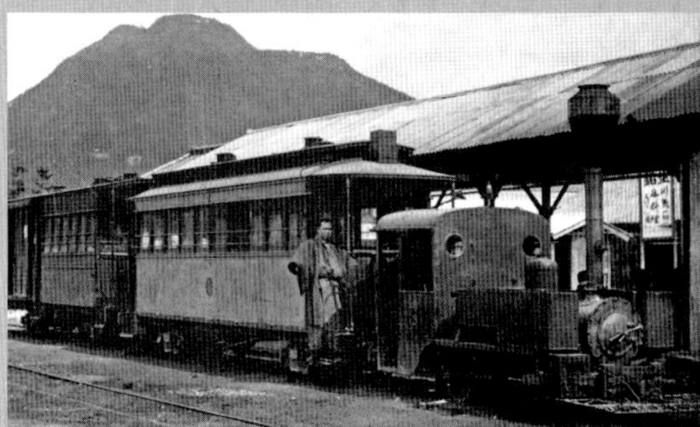

明治期に東北から九州まで、全国規模で鉄道事業を展開していた大日本軌道。可部駅は広島支社線の延長区間に開業した。

木次駅。木次線の前身である簸上(ひかみ)鉄道が宍道~木次間を開業した1918(大正7)年に終着駅として開業した。

山陽鉄道時代の己斐(現・西広島)付近を行く旅客列車。小型のタンク機と客車の組み合わせは正に陸蒸気の世界だ。

2章
路面電車、私鉄、新交通等

・広島電鉄
・広島高速交通
・井笠鉄道（神辺線）（廃線）
・井原鉄道
・尾道鉄道（廃線）
・呉市電（廃線）
・鞆鉄道（廃線）
・スカイレール

安芸の宮島へ渡る船が出航する廿日市市の宮島口へ続く広島電鉄宮島線は複線の専用軌道だ。全長15メートル足らずの1030形が標準軌路線上でより小さく映る。同車は1930（昭和5）年製の宮島線専用車だった。◎電鉄宮島　1960年7月17日　撮影：荻原二郎

広島電鉄

広島市内と宮島口を結ぶ路面電車と鉄道線

広島市街地で広島城址の東側を通る白島通りを走る広島電鉄白島線。城北通りとの交差点付近に終点の白島停留場がある。白島通りをさらに北へ進むと山陽新幹線、山陽本線が通りを横切る。◎1990年8月　撮影：安田就視

宇品線の日赤病院前～広電本社前間に引き込み線がある千田車庫。構内には広島電鉄の本社がある。厳めしい面構えの古豪電車が並ぶ奥に、モールで飾られた元京都市電の1900形が見える。京都市電はこの写真が撮影された前年の1978年に全廃された。◎1979年4月　撮影：安田就視

◆市内線◆19.0km
【本線】広島駅～広電西広島5.4km
【宇品線】
紙屋町東・西～広島港（宇品）5.9km
【江波線】土橋～江波2.6km
【横川線】十日市町～横川駅1.4km
【皆実線】的場町～皆実町六丁目2.5km
【白島線】八丁堀～白島1.2km

◆宮島線◆
広電西広島～広電宮島口16.1km

「広島市電」として市民や観光客に親しまれている、広島市内の鉄道・軌道路線を運営する鉄道・バス会社が「広島電鉄（ひろでん）」であり、現在の会社は1942（昭和17）年4月10日に広島瓦斯電軌（現・広島ガス）から運輸事業を分離して設立されている。さらにさかのぼれば、1910（明治43）年に設立された広島電気軌道が存在し、1912（大正元）年11月23日に現在の本線である、広島駅前（現・広島駅）～櫓下（後の相生橋、現・原爆ドーム前）の区間を開通させた。

広電本線は、同年12月8日に相生橋～己斐（現・広電西広島）間が延伸。八丁堀～紙屋町東・西を含む市街中心部の東西を結ぶ、全線が早くも誕生した。この本線は起終点の広島駅と西広島駅で山陽本線に接続する広電のドル箱路線である。東西に停留場がある紙屋町交差点では、アストラムラインと交差している。広島駅前（電停）からは当初は相生通り、後には平和大通りなどを通って西へ向かい、少しずつ南に下りながら、京橋川、元安川、本川、天満川、太田川放水路を渡って、終点の西広島駅前（電停）にたどり着く。

駅前に本線の終点停留場（広電西広島）が置かれているJR西広島駅は、1897（明治30）年に山陽鉄道の己斐駅として開業した古参駅である。1969（昭和44）年10月1日、現在の駅名である「西広島」に改称している。山陽本線では、新白島、横川駅を挟んだ、広島駅から3つ目の駅である。現在のJR駅の構造は、単式1面1線、島式1面2線の合計2面3線のホームを有する地上駅で、現在も山陽鉄道時代の名残を残す構造となっている。

この「広電西広島」は、本線の停留場であるとともに、広島電鉄の鉄道路線である宮島線の始発駅でもある。宮島線は、1922（大正11）年8月22日に己斐町（現・西広島）～草津町（現・草

低い屋根の商店街が連なる広島電鉄本線本川町付近を行く3000形。西日本鉄道の福岡市内線で運用していた1100、1200、1300形の譲渡車両である。3連接車体化等の改造を行い、登場時は宮島線と軌道区間の直通運用を受け持った。◎1984年3月　撮影：安田就視

1981年にドイツのドルトムント市から購入した70形。路面電車とはいえ8軸の連接車は全長27メートル余りの巨漢だ。入線当初は宮島線への直通列車に充当された。後に直通用の新型車が登場すると比治山線等に移り、1998年まで使用された。◎観音町　1986年9月24日　撮影：明田弘司

津）間が開業。1924（大正13）年4月6日に草津町～廿日市間、1925（大正14）年7月15日に廿日市～地御前間、1926（大正15）年7月15日に地御前～新宮島（後に廃止）間が、次々と延伸している。1931（昭和6）年2月1日、新宮島～電車宮島（現・広電宮島口）間が延伸して宮島線が全通した。広電宮島駅では、山陽本線の宮島口駅と連絡している。

この宮島線は、山陽本線の南（海）側をほぼ並行して進むことになる。駅は山陽本線に比べて多く存在し、連絡する駅も多数ある。宮島線の

路面軌道から鉄道線へ線路が続く広島電鉄西広島付近。1962年に宮島線との直通運転が始まった。現在の市内線西広島電停は、創業時に所在地名をとって己斐(こい)電停と名付けられた。◎1960年7月17日　撮影：荻原二郎

商工センター入口駅とJR新井口駅、広電五日市駅と五日市駅、広電廿日市駅と廿日市駅、宮内駅と宮内串戸駅、広電阿品駅と阿品駅が、一対となる連絡駅となっている。

広電路線の中で、かつては国鉄の宇品線と競合する路線であったのが宇品線である。この路線は、広島市中心部の紙屋町（交差点）と宇品港（広島港）を結ぶもので、まず、1912（大正元）年11月23日に紙屋町〜御幸橋西詰（現・御幸橋）間が開通。1915（大正4）年4月8日に御幸橋東詰（後の専売局前）〜宇品終点間が開業したが、このときは京橋川を渡る御幸橋（電車専用線）では結ばれておらず、徒歩での連絡であった。1919（大正8）年5月25日に御幸橋電車専用線が開通し、徒歩連絡は解消された。その後、1935（昭和10）年12月27日に旧ルートに代わり、宇品通りを通る皆実町（現・皆実町六丁目）〜向宇品口（現・元宇品口）間が開通。宇品港付近では、戦後も電停の移転、名称変更などがあり、2003（平成15）年3月29日に本通〜広島港間の5・7キロの現路線が整った。

広電宇品線は、本通電停から中電病院や中区役所、広島市役所、広島赤十字原爆病院、広島大学東千田キャンパスの前を通り、東千田町にある広電本社前を経由して進む。この先の御幸橋で京橋川を渡り、皆見町六丁目から今度は京橋川、元安川の東側を宇品（広島港）本面に向かって進むこととなる。

本川と天満川に挟まれた舟入・江波地区の住民の足となっている江波線は、本線の土橋電停から分かれて、舟入通りを南に進んで江波電停に至る、わずか2・6キロの短い支線である。第二次世界大戦中の1943（昭和18）年、江波町の埋立地に三菱重工広島造船所（現・三菱重工業広島製作所江波工場）が建設され、ここで働く労働者が通う路線として計画された。同年12月26日、土橋〜舟入本町（後の江波口）間が開通。1944（昭和19）年6月20日、舟入本町〜舟入南町間が開業したが、この延伸区間は単線であった。戦後の1954（昭和29）年1月8日、軌道が約100メートル延伸されて江波口電停が現在の江波電停付近に移設された。1963（昭和38）年、江波口電停は江波電停に改称され、この江波電停の南西には広電の舟入車庫が置かれている。

広電の横川線は、相生通りと舟入通りが交わる十日市町電停から北上し、山陽本線の横川駅と連絡する横川駅電停を結ぶ路線である。1917（大正6）年11月1日、左官町（現・本川町）〜十日市町〜三篠（現・横川駅）間が開業。1944（昭和19）年12月26日、本線のルート変更に伴って左官町〜十日市町間は本線に編入されている。2003（平成15）年3月27日に横川駅電停が移転し、JR横川駅前広場に乗り入れる形に変わった。

終点がある横川駅は、北に可部線、南に山陽本線のホームが並び、その南側の駅舎に面した広場東側に広電の横川駅電停が設けられている。この駅は山陽鉄道時代の1897（明治30）年9月25日の開業で、国有化される前の1905（明治38）年2月5日、日本初の乗合バスとして、横川町〜可部町間でバスの運行がされた場所でもある。このバスは12人乗りで、約15キロの区間を結んでいた。現在は横川駅前で、復元されたバスの姿を見ることができる。

広島駅前から南に進んで、猿猴川を渡った的場町（交差点）から、比治山通りを走って、皆実町六丁目に至るのが、広電の皆実線である。かつては、比治山線とも呼ばれていた皆実線は、この皆実町六丁目電停までであるが、広電の路線としては宇品線としてさらに南に進み、広島港（宇品）に至ることとなる。この皆実線は、1944（昭和19）年12月27日に的場町〜皆実町三丁目（現・皆実町六丁目）間が開業した。全区間が南区内を走る、全長2・5キロの短距離路線となっている。白島線は、広電創業時の1912

(大正元)年11月23日に八丁堀〜白島間が常盤橋線として開業した、全長1・2キロの路線である。相生通りにある広電本線の八丁堀電停から、白島通り尾を北に進み、城北通りにある白島電停までの路線は、短い距離ではあるが、かつては単独運行されていた。現在は、一部の車両が江波線の江波電停まで運転されている。なお、この白島電停は、山陽本線の新白島駅、アストラムラインの白島駅とは、かなり離れた位置に置かれており、乗り換えには適さない。

広電の運行転系統は、4号線を除く、1〜9号線の8系統が存在する。1号線は本線・宇品線、2号線は本線・宮島線、3号線は本線・宇品線、5号線は本線・宇品線・皆実線、6号線は本線・江波線、7号線は本線、宇品線・横川線、8号線は本線・江波線、横川線、9号線は本線・江波線・白島線と、いずれも本線から各線に向かう形で走っている。本線と宮島線(鉄道)の直通運転は、1958(昭和33)年4月の団体貸し切り列車から開始。1962(昭和37)年1月からは定期運転が行われている。

この広電は、多くの車両が原爆で被災した歴史があり、モータリゼーションの波に押され、地下鉄計画も伴って、廃止が検討された時期もあった。しかし、さまざまな問題を乗り越えて、現在も市内線、宮島線でユニークな車両が、元気に走り続けている。ここでは、海外を含めて、他の都市の市電や私鉄からやってきた、さまざまな形・色の車両がそのままで走り続けていることで、鉄道ファンからは「動く電車の博物館」と呼ばれ、写真撮影に訪れる人も多い。一方、こうした多彩な車両は、車体の老朽化による廃車や超低床車両(LRT)の導入などで、少しずつ姿を消していることも事実である。将来は、このLRT化がさらに進められ、新しい広電の時代がやってくるであろう。

商店が軒を連ねる広島駅前には、広島電鉄本線が起点とする広島駅電停がある。軌道は駅前東側の交差点で、急曲線を描いて駅ビルと並行するように駅前へ乗り入れる。写真には元大阪市電の900形等が見える。◎1963年頃　撮影：安田就視

広島電鉄本線広島駅停留場には2両の路面電車が停車中。クリームと濃い緑色の2色塗装をまとった車両は500形。1953年にナニワ工機で5両が製造され、翌年から使用された。広島電鉄では2代目の500形である。◎1972年4月6日　撮影：安田就視

堂々とした構えの旧国鉄広島駅ビルを背に、広島駅停留場を発車して行く広島電鉄1100形。元神戸市電の1100形で路線の廃止に伴い、1971年に広島電鉄が5両全てを購入した。広電入線に当たり、ワンマン化改造が施工された。◎1982年9月29日　撮影：安田就視

江田島等、瀬戸内の島々や松山と広島を結ぶフェリーが発着する宇品停留場。湾口部の改修等に伴い、開業以来2度移転している。写真は1度目の移転後に構内が複線化された1990(平成2)年の様子だ。◎1990年8月　撮影：安田就視

広島電鉄が所有する路線で唯一の鉄道線である宮島線。本線の終点西広島駅と、世界文化遺産の厳島神社へ渡る、フェリー船が就航する広電宮島駅とを結ぶ。地御前以南の終点近くでは、カキの養殖筏が浮かぶ広島湾岸を走る。◎阿品（現・阿品東）～田尻（現・広電阿品）　1981年12月12日　撮影：　安田就視

路面軌道の市内線と広電唯一の鉄道線の宮島線が出会う広島電鉄西広島駅。市内線と宮島線は1958年4月1日に直通運転が開始された。◎1960年7月17日　撮影：荻原二郎

誠鏡
酒
紳士服
池浦洋服店
貴方の財産を豊かにする
大商証券
投資信託
株式・公社債
ひろしま
夜の
遊覧バス
7月5日より
広電バス
広島⇔松江線
夜行快速バス
広電バス
楽々園
7月10日より
スパー新館・別館へ
TEL 25022

フェリー乗り場へ続く道路を1本隔ててホームがあった、広島電鉄宇品線の終点宇品駅。2001年に現在の駅名である広島港停留場と改称した。しかし長年親しまれた宇品の名は、電車の行先表示などにカッコ書きで残されている。◎1990年8月　撮影:安田就視

白島線は1912(大正元)年に11月23日に常盤橋線として開業した。1945年8月6日に原爆投下で被災して不通。復旧により、白島通り沿いに進む現在の経路となった。開業以来、長らく他路線との乗り入れがなかった路線だ。◎八丁堀　1984年3月21日　撮影:安田就視

被災時の惨状を現在にまで伝える原爆ドームの近くで、2両の素性が異なる路面電車が擦れ違った。広告塗装が施された1100形は元神戸市電。350形は広電生え抜きの車両で、1953年の登場時には、市内線と宮島線の直通運用に充てられた。◎1984年3月21日　撮影:安田就視

広島市内の歓楽街新天地にほど近い本線胡（えびす）町停留場付近を行く570形。外観、塗装共に昭和初期の路面電車を彷彿とさせる電車は元神戸市電の500形だ。経年により改造、更新化はされているもの、車体等は1924（大正13）年製である。◎1984年3月　撮影：安田就視

広島電鉄江波線の終点江波停留場付近。駅構内の奥には江波車庫がある。江波線は広島市内で舟入通りが続く中州に建設された。土橋で本線と合流し、本線広島駅停留場や横川線に直通する電車が運行されている。◎1990年8月　撮影：安田就視

広島駅前の東側交差点。1980年代半ばの情景である。建物の屋上に掲げられた電車の何倍もある大きな看板が目立つ。周辺の建物は現在、より高いビルに変貌を遂げている。街の眺めは変われど、写真の元大阪市電900形は今も健在だ。◎1984年3月　撮影：安田就視

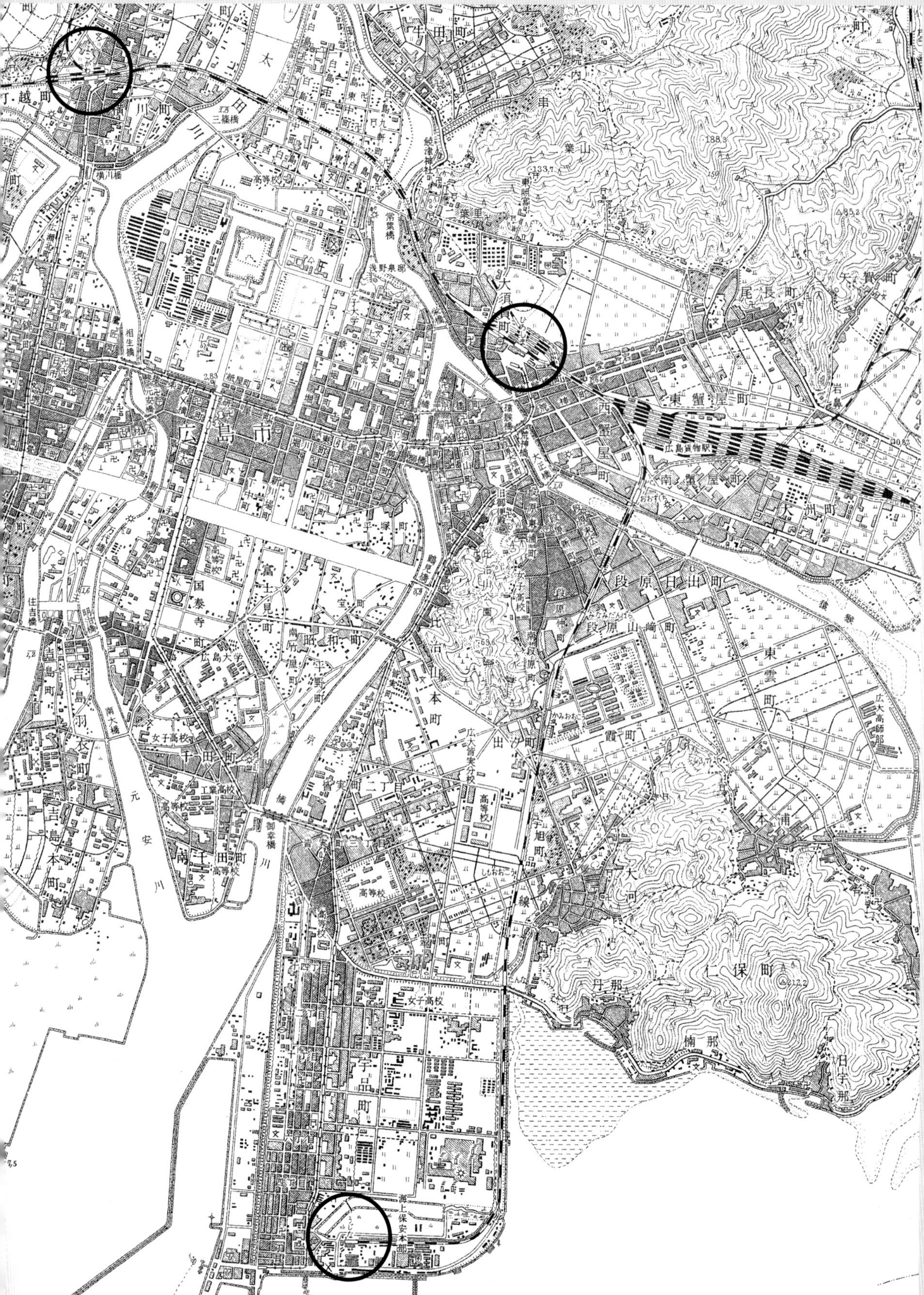

広島市
牛田町
太田川
横川町
三篠橋
横川橋
二葉山
東照宮
二葉里
大須賀町
尾長町
矢賀町
東蟹屋町
西蟹屋町
広島貨物駅
南蟹屋町
大洲町
段原日出町
段原山崎町
猿猴川
東雲町
広大高師部
霞町
比治山本町
比治山
出汐町
宇品線
旭町
大河
本浦
仁保町
丹那
楠那
日宇那
宇品町
海上保安本部
女子高校
高等校
工業高校
南千田町
千田町
広島大学
国泰寺町
富士見町
昭和町
平野町
皆実町二丁目
御幸橋
京橋川
元安川
吉島町
吉島本町
羽衣町
南大橋
住吉橋
相生橋
紙屋町
常葉橋
浅野泉邸
鶴見橋

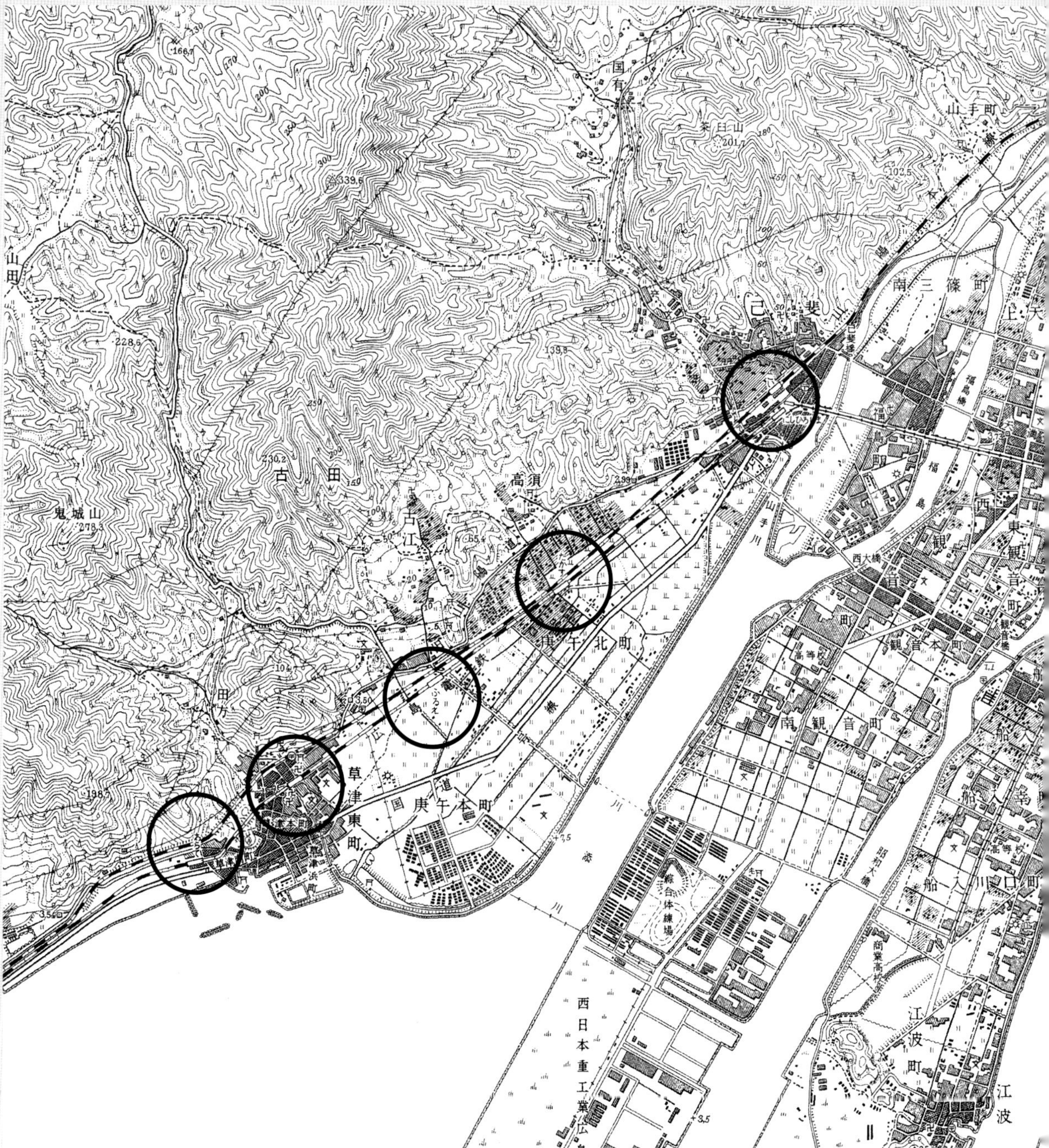

太田川を始めとした大河が隔てる中州が集まってかたちづくられた広島市。市街地北部を旧国鉄路線が横切る。ヒロシマ電鉄の路面軌道は、中州一つひとつの末端部まで血管のように延び、市民の足として重責を担っている。（1950年修正測量）

アストラムラインが1994年に開業して以来、主力車両として活躍する6000系。新交通システム(ATG)路線で運転されている案内軌条式の電車である。6両で1編成となり、23編成が製造された。◎伴～大原　1994年8月30日　撮影：森嶋孝司(RGG)

広島高速交通

アジア大会開催の1994年に開業

区間▼本通～広域公園前
駅数▼22駅
全通年月日▼1994(平成19)年8月20日
路線距離▼18・4キロ

広島市の市街地中心部から北西部郊外への交通手段として建設された、新交通システムの広島高速交通。アストラムラインの愛称で1994年に開業した。沿線の新興住宅地には現在、マンションや住宅が建ち並ぶ。◎2015年8月27日　所蔵：フォト・パブリッシング

広島高速交通は、広島市内で新交通システム「アストラムライン」を運行している鉄道会社である。現在の路線は1号線の本通・広域公園前間の18・4キロで、市内中心部と北西部の安佐南区方面の住宅地を結んでおり、起終点駅を含めて22駅が存在する。終着駅の広域公園前駅が最寄り駅である広島広域公園では、1994(平成6)年10月に広島アジア大会が開かれ、この鉄道が市内と会場を結ぶ足となった。なお、「アストラム」とは、日本語の「明日」と英語で路面電車を表す「トラム」を合わせたものである。

広島市などが出資する第三セクターの鉄道会社として、広島高速鉄道が設立されたのは、1987(昭和62)年12月1日である。1988(昭和63)年3月14日に県庁前～長楽寺間の特許、本通～県庁前間の免許を申請し、8月22日に交付された。工事の着手は1989(平成元)年2月28日。さらに1990(平成2)年10月8日、長楽寺～広域公園前間の特許を申請し、1991(平成3)年3月5日に交付された。こちらの工事着手は同年10月であった。広島アジア大会の開催に合わせて、1994(平成6)年8月20日に本通～広域公園前間の全線が開通した。

この路線は、広島を代表する繁華街である紙屋町の南側に置かれた本通駅を起終点駅としている。まず、広島城に向かう形で北上し、やがて広島城の西側を走る祇園新道を進むこととなる。このうち、本通～県庁前間の0・3キロが鉄道事業法による鉄道区間(地下鉄)で、残る18・1キロは軌道法に基づく軌道区間である。

北側を東西に走る山陽本線との交差点には、2015(平成27)年3月14日、アストラムラインとJRの新白島駅が開業している。この新白島駅付近までの1・9キロが地下区間となっている。この先、地上に出て高架線となり、中筋駅までは、祇園新道の上空を走った後、今度は県

路線のほとんどが高架橋となっているアストラムライン。しかし、宅地開発された丘陵地を越える区間では、沿線に続く土地の形状をなぞるかのように、鉄路もアップダウンコースとなる。周囲の丘から望むと列車はジェットコースターのごとく、急勾配を駆け下りる。◎伴～大原　1994年8月30日
撮影：森嶋孝司(RGG)

道38号の上空を北西に進むこととなる。

大町駅では、JR可部線と連絡している。当初、可部線には駅が存在せず、1994(平成6)年8月20日、アストラムラインの開通時にJRの駅も開業している。JR大町駅は、単式ホーム1面1線の地上駅であり、アストラムラインの大町駅は島式1面2線の高架駅となっている。

さらに北東に進み、長楽寺駅の西側には車両基地が置かれており、ヌマジ交通ミュージアム(広島市交通博物館)が存在する。このミュージアムは、アストラムライン長楽寺車庫の人工地盤上に1995(平成7)年3月18日に開館した交通博物館で、世界の乗り物の模型などの展示のほか、被爆電車として知られる広島電鉄650形(654号)が屋外展示されている。

アストラムラインは、この長楽寺駅付近から少しずつ南に向きを変え、広島自動車道、山陽自動車道の下を通って、終着駅である広域公園前駅に至る。この駅の西側にはエディオンスタジアム広島(広島ビッグアーチ)がある広島広域公園、東側には広島修道大学の大塚東キャンパスが存在する。

JR山陽本線と広島の新交通システムである広島高速交通(アストラムライン)が交差する地点に建設された新白島駅。2015年3月14日に開業した。広島市の市街地と発展目覚ましい新交通の沿線を結ぶ要所としての役割が期待されている。

本線の終点にして神辺線の起点であった岡山県の井原駅。駅舎には大きな切り抜き文字の駅名が掲げられていた。駅前からは路線バスが発着する地域交通の要所だった。◎1964年7月12日　撮影：荻原二郎

廃線

井笠鉄道（神辺線）

井原～神辺間は井原鉄道が継承

区間▼井原～神辺
駅数▼9駅
全通年月日▼1922（大正11）年4月9日
路線距離▼11.8キロ
軌間▼762ミリ
最高速度▼不詳

井笠鉄道神辺線の終点、神辺駅に貨物列車を牽引してホジ12が停車する。井原～神辺間11.8キロメートルを結ぶ軽便路線は、同鉄道の本線よりも一足早く、1967年4月1日を以って廃止された。◎1964年7月12日　撮影：荻原二郎

井笠鉄道は、岡山県の井笠地方（井原市、笠岡市）を中心に路線を延ばしていった鉄道会社であり、路線の一部は隣接する現在の広島県福山市まで及んでいた。この鉄道には、本線とともに神辺線、矢掛線が存在し、現在は井原鉄道の西側に重なる神辺線が、広島県深安郡神辺町（現・福山市）にあった神辺駅へ至っていた。

この井笠鉄道の歴史は、1911（明治44）年7月1日に設立された井原笠岡軽便鉄道に始まる。1913（大正2）年11月17日、まず本線の笠岡～井原間が開業した。1915（大正4）年11月26日、井笠鉄道に社名を変更。1921（大正10）年10月25日に矢掛線の矢掛～北川間が開通した。1925（大正14）年2月7日には高屋線（後の神辺線）の井原～高屋（現・子守唄の里高屋）間が開通している。このときには、3本の路線はいずれも岡山県内を走っていた。一方、後に神辺線の一部となる神辺～高屋間は、別会社の両備軽便鉄道が建設した。

両備軽便鉄道は、備後（広島県）にあった福山と、備中（岡山県）にあった高屋を結ぶ鉄道の建設を目指して設立された会社である。まず、1914（大正3）年7月21日に、現在の福塩線の南側にあたる部分の両備福山（福山）～府中間が開通。途中駅として、神辺駅が開業した。その後、8年遅れる形で、1922（大正11）年4月9

井原	いばら	0.0km
出部	いずえ	1.5km
下出部	しもいずえ	2.5km
高屋	たかや	4.0km
両備金光	りょうびこんこう	5.1km
御領	ごりょう	7.4km
両備国分寺	りょうびこくぶんじ	8.6km
湯野	ゆの	9.8km
神辺	かんなべ	11.8km

本線の北川駅から分岐し、岡山県小田郡の矢掛町まで延びていた矢掛線。終点駅矢掛の行き止まりホームに、直結して設置された出札口から乗客が出て来た。駅舎出入り口の至近に路線バスが停車している。◎1964年7月12日　撮影：荻原二郎

井笠鉄道で本線と神辺線が合流する井原駅。両路線が行き止まりホームへ延びる、スイッチバック構造の構内配線だった。停車中のホジ101は日本車輌で1955年に製造された気動車である。◎1964年7月12日　撮影：荻原二郎

本線の起点笠岡駅から一つ先の岡山県内にある鬮場(くじば)駅。山陽本線の駅に隣接した起点駅より1.1キロの距離だ。笠岡は海辺の街だが、山陽本線から県道に沿って谷間を北方へ少し入ると、周囲は山がちの地形になる。◎1964年7月12日　撮影：荻原二郎

口、神辺駅から分岐する高屋線（現・井原鉄道）の神辺〜高屋（現・子守唄の里高屋）間が開業している。

１９２６（大正15）年6月26日、両備軽便鉄道は両備鉄道と社名を変更した。その後、１９３３（昭和8）年9月1日に両備鉄道（本線）が国有化されて国鉄の福塩線となる際、高屋線の部分は分離され、新会社として設立された神高鉄道の路線となった。

このように現在の井原鉄道の西側と重なる神辺線は、西側が両備軽便鉄道（両備鉄道）、東側が井笠鉄道として建設されたが、ともに７６２ミリの狭軌であったことから、井笠鉄道部分の開業以来、両備軽便鉄道の井笠鉄道への車両乗り入れが行われていた。その後、両備鉄道が国鉄の福塩南（現・福塩）線となった後も、同線との直通運転が続いたが、１９３５（昭和10）年12月14日に福塩南線の改軌が行われたことで終了している。

その後、神高鉄道は経営不振に陥り、井笠鉄道へ売却を持ちかけたものの交渉は難航した。ようやく、１９４０（昭和15）年1月1日に井笠鉄道への譲渡が実現し、既存の高屋線と合わせて、神辺〜井原間の11・8キロが神辺線となった。

井笠鉄道の神辺線は、１９６７（昭和42）年4月1日に井原線と重なる矢掛線と合わせて廃止された。その後、井笠鉄道の線路跡を日本鉄道建設公団が買収。広島県や岡山県や地元の市町村、バス会社などが出資する形で、第三セクターの井原鉄道が設立され、１９９９（平成11）年1月11日、井原鉄道の総社〜神辺間が開業している。

また、井笠鉄道は１９７１（昭和46）年4月1日に本線を廃止し、鉄道事業から撤退したことで、バス専業会社となった。その後、２０１２（平成24）年10月31日に事業を停止し、２０１４（平成26）年7月18日に破産手続きを完了した。

井原鉄道

広島県福山市と岡山県総社市を結ぶ路線

区間▼総社～神辺
駅数▼15駅
全通年月日▼1999（平成11）年1月11日
路線距離▼41.7キロ
軌間▼1067ミリ
最高速度▼95キロ

岡山県下の総社駅と福塩線神辺駅を結ぶ井原鉄道井原線。第三セクター方式で運営されている鉄道だ。IRT355形は開業時より在籍する気動車。全9両の配置で、イベント用車両として100番台車2両と、「夢やすらぎ号」の愛称を持つ200番台車1両がある。◎2017年9月14日

旧国鉄の未成線を引き継いで建設された、第三セクター鉄道の井原鉄道井原線。1999年11月1日に総社～清音～神辺間が開業した。最初の出発式は年月日時分秒が全て1並びの瞬間に行われた。◎1999年　提供：福山市

井原鉄道の井原線は、岡山県総社市の総社駅と広島県福山市の神戸駅を結ぶ全長41・7キロの路線であり、総社～清音間はＪＲ伯備線との共用となっている。そのほとんどの区間が岡山県内であり、広島県内の路線は短く、福山市内に御領、湯野、神辺の3駅が置かれている。このうち、神辺駅ではＪＲ福塩線と接続している。

この井原鉄道は広島県と岡山県（井原市）の県境付近を含む、井原鉄道の井原・神辺間の路線は、国道486号・国道313号とほぼ並行する形で走っている。県境付近には高屋川が流れており、岡山側には、全国的に有名な「中国地方の子守唄」にちなんだ、子守唄の里高屋駅が置かれている。

この鉄道の名称となっている「井原」は岡山県西部に井原市が存在し、かつてここには井笠鉄道が走っていた。この軽便鉄道は、井原市と笠岡市を結ぶもので、本線（井原・笠岡間）のほかに神辺線（井原～神辺間）と矢掛線（矢掛～北川間）が存在した。このうちの神辺線、矢掛線は1967（昭和42）年に廃止され、鉄道建設公団に引き継がれ、井原鉄道井原線の建設に供された。

歴史的には、1966（昭和41）年5月14日に、国鉄井原線としての起工式が行われたものの、1980（昭和55）年に国鉄再建法により、建設中止となった。その後、1986（昭和61）年に広島県、岡山県と周辺自治体により、井原鉄道が設立され、1987（昭和62）年から工事が再開された。1999（平成11）年1月11日、井原線の総社～神辺間が開通したが、「11・1・1」の午前11時11分11秒に最初の営業列車の出発式が行われたことで話題になった。

この井原鉄道は沿線の駅すべて無人駅であったが、神辺駅だけが2014（平成26）年8月1日に再び有人化されている。この神辺駅では福塩線と接続しており、一部の列車が福塩線に乗

早雲の里荏原駅の構内にある車両基地。始業前点検に備えて客室扉を開けたIRT355形が勢揃いしている。留置線の奥に建つ検修庫には、イベント車の200番台「夢やすらぎ号」が見える。©2017年10月8日

和風建築の駅舎が建つ矢掛(やかげ)駅は1999年1月11日の開業。旧山陽道の宿場町であった矢掛は、町内の一角に古い街並みを現在も残す。駅舎は宿場町の雰囲気を伝える、白壁に木造風の設えとなった。©2017年10月8日

井原鉄道井原線の拠点駅となっている井原駅。個性的なかたちの駅舎は、源平合戦で名高い屋島の合戦で扇の的を射抜き、功名を上げた那須与一の弓矢をデザインしたもの。荏原町に与一が授けられた荘園の一つがあったとされる。©2017年10月8日　所蔵：フォト・パブリッシング

り入れている。ＪＲの神辺駅は、１９１４（大正3）年7月21日、両備軽便鉄道（現・福塩線）の両備福山〜府中間の開通時に開業した。１９２２（大正11）年4月9日に同鉄道高屋線の神辺〜高屋間が開業し、分岐点の駅となった。１９２６（大正15）年6月26日には両備鉄道と社名を変更。１９３３（昭和8）年9月1日に両備鉄道（本線）が国有化されて国鉄の福塩線となり、高屋線は神高鉄道に譲渡された。この高屋線は、１９４０（昭和15）年1月1日に井笠鉄道に譲渡され、同社の神辺線となった。

現在、ＪＲの神辺駅は橋上駅舎をもつ地上駅で、相対式ホーム2面2線の構造であり、井原鉄道との間には乗換改札が存在する。井原鉄道の駅舎は、ＪＲ線の1番線（上り）脇にあり、ホームは単式1面1線の構造で、福山方面へ乗り入れる列車はＪＲホーム（1番線）を利用する。

神辺駅のある一帯には、岡山県と隣接する形で阿那郡神辺町が存在した。１９２９（昭和4）年に阿那郡の川北、川南村が合併して、神辺町が成立。１９５４（昭和29）年に神辺町と周囲の村が合併して、新しい神辺町が誕生し、その後は福山市のベッドタウンとなっていた。２００６（平成18）年、福山市に合併されて福山市神辺町と変わっている。

清音 きよね	0.0km
川辺宿 かわべじゅく	2.6km
吉備真備 きびのまきび	4.8km
備中呉妹 びっちゅうくれせ	7.7km
三谷 みたに	11.7km
矢掛 やかげ	14.8km
小田 おだ	20.0km
早雲の里荏原 そううんのさとえばら	23.4km
井原 いばら	27.1km
いずえ いずえ	28.9km
子守唄の里高屋 こもりうたのさとたかや	30.7km
御領 ごりょう	34.2km
湯野 ゆの	36.1km
神辺 かんなべ	38.3km

石畦駅の待合室に貼り出されていた時刻表。日中は1時間に1本の運転頻度だった。この時刻表は1963年に作成されたものだが、尾道で接続する山陽本線を省線と表記している。◎1963年3月2日 撮影：荻原二郎

廃線

尾道鉄道

尾道市と旧美調町を結んだ電車路線

区間▼尾道～市
駅数▼18駅
全通年月日▼1933（昭和8）年3月28日
路線距離▼17.1キロ
軌間▼1067ミリ
最高速度▼不詳

尾道市街地と北部山間の御調郡御調町（現・尾道市）を結んでいた尾道鉄道。1925（大正14）年11月1日に西尾道～石畦間、翌年に石畦～市間が開通。1933（昭和8）年に尾道～市間の17.1キロメートル区間が全通した。開業当初より直流600ボルトの電化路線だった。◎撮影：髙井薫平

尾道市中心部（尾道駅）から、出雲街道（国道184号）に沿って北上し、美調郡美調町（現・尾道市）に至る路線を有していたのが、尾道鉄道である。全長は17・1キロで、尾道駅と市駅を結んでおり、中間には15の駅が置かれていた。

山陽本線と連絡する形であった尾道鉄道の尾道駅は、現在は駐輪場などに利用されている国鉄の尾道駅の北側に置かれていた。また、当初の起終点駅であった西尾道駅構内には本社が置かれており、ここから出雲街道（国道184号）、栗原川の東側を北に進み、山陽新幹線の新尾道駅付近に向かって北上していた。

歴史的には、尾道から県北部、島根県に至る鉄道の計画は、明治時代からあったものの、具体的には進まず、1918（大正7）年12月20日、尾道軽便鉄道株式会社が設立され、ようやく実現に向けて動き始めた。1919（大正8）年5月に工事施工許可を申請し、1920（大正9）年12月に許可が下りて、1921（大正10）年4月に工事を着工した。当初は762ミリの軌道で、蒸気機関車を使う計画であったが、途中から電気動力で1067ミリの軌道に変更し、1923（大正12）年4月25日に尾道鉄道株式会社へ社名を変更している。

1925（大正14）年11月1日、まず西尾道～石畦が開業して、1926（大正15）年4月28日、石畦～市間が延伸した。1931（昭和6）年9月12日に御所橋（仮）～西尾道間、1933（昭和8）年3月28日に尾道～御所橋（仮）間が延伸して全線が開業している。また、尾道鉄道は1941（昭和16）年9月に尾道自動車を合併し、鉄道とバスを運行する会社となっていた。

しかし、戦後の1957（昭和32）年2月1日に石畦～市間を廃止。1964（昭和39）年8月1日に尾道～石畦間が廃止されて鉄道事業から撤退した。1970（昭和45）年2月1日、ニコ

山の斜面を家並が埋める尾道らしい町並みを背景にして、尾道鉄道尾道駅の構内に佇むのはデキ35。1930年製の宇部電気鉄道デハ21を1951年に譲り受け、1953年に改番した車両だ。◎1963年3月2日　撮影：荻原二郎

ビューゲルを立ち上げて尾道鉄道石畦駅のホームに待機するデキ32。1959(昭和34)年に自社工場で製造された当社最後の新造車両だった。デキ32は当初付随車として誕生し、形式名称はキ71だった。◎1963年3月2日　撮影：荻原二郎

尾道鉄道石畦駅。1953年に石畦～市間が廃止となってから全線が廃止されるまで、当路線の終点だった。ホームの延長上に木造駅舎が建ち、駅前に実用本位の姿をした井戸がある素朴な佇まいである。◎1963年3月2日　撮影：荻原二郎

ニコバスに吸収合併され、社名は中国バスに変更された。

終着駅だった市駅は、美調郡美調町市に存在した。駅があった付近は、美調川が流れ、山陽ふるさと街道（国道486号）と出雲街道（国道184号）が交差する交通の要地であった。この地域は1889（明治22）年から美調郡に市村、今津野村などがあり、1955（昭和30）年の合併によって美調町が誕生した。2005（平成17）年に尾道市に編入されて尾道市美調町となった。市駅は1926（大正15）年4月28日に開業、1957（昭和32）年2月1日に廃止。当初は北島根県方面への延伸計画があり、相対式ホーム2面2線の構造であった。跡地は、路線を引き継いだ中国バスの出張所となっている。

また、尾道鉄道の路線には高低差が存在するため、諸原駅でスイッチバックが行われていた。この尾道鉄道の廃止（1964年）から、24年がたった1988（昭和63）年3月13日、途中駅である栗原駅の北側に山陽新幹線の新尾道駅が開業した。新尾道駅で下車し、路線バスなどで尾道市中心部（駅前）に向かう旅行者は、旧尾道鉄道に沿う形で南下する出雲街道（国道184号）を通ることになる。

尾道	おのみち	0.0km
西尾道	にしおのみち	0.4km
地方事務所裏	ちほうじむしょうら	1.0km
青山病院前	あおやまびょういんまえ	1.5km
宮の前	みやのまえ	2.2km
栗原	くりはら	2.9km
尾道高校下	おのみちこうこうした	3.7km
三美園	さんびえん	4.3km
三成	みなり	5.9km
木梨口	きなしぐち	6.5km
遊亀橋	ゆうきばし	7.3km
木頃本郷	きごろほんごう	8.0km
石畦	いしぐろ	9.1km
西高上	にしこううえ	10.7km
畑	はた	13.3km
諸原	もろはら	15.0km
市	いち	17.1km

海岸線にほど近い場所へ建設された山陽本線の尾道駅。構内の外れからは北部の御調（みつぎ）町へ向かう尾道鉄道が出ていた。駅周辺に家屋が密集した様子は今も変わらない。◎1978年11月22日　提供：読売新聞社

路線案内図
尾道高校下
三美園
三成
木梨口
石畦
尾道高等学校
広島県ろう学校
小供の家 三美園
養老温泉
美木中学校

尾道駅のホームにあった尾道鉄道の路線案内図。学校や病院などが最寄り駅の近くに併せて記載されている。路線バスの便に接続する乗換駅には、行先とともにバスの絵が描かれている。◎1963年3月2日　撮影：荻原二郎

呉市内を横断して東西方向へ軌道を延ばしていた呉市電。西側の終点は国鉄呉線の川原石駅近くだ。その途中、旧国鉄呉駅に近い二河町では二河川を渡る。愛らしい姿の単車は1928(昭和3)年製の200形。呉市電の前身、広島電気が日本車輌に発注した半鋼製車だ。◎1955年3月21日　撮影:江本廣一

廃線

呉市電

岩国電気軌道に次いで開業した路面電車

区間▼川原石～長浜
駅数▼28駅
全通年月日▼1930(昭和5)年12月30日
路線距離▼11.3キロ
軌間▼1067ミリ
最高速度▼不詳

1961年に今西通りへ移転し、近代的な装いとなった呉郵便局の前を走るのは呉市電の2000形。この車両も郵便局の移転と同じ年に製造された。ワンマン運転対応のボギー車である。◎1960年7月17日　撮影:荻原二郎

海軍の街であった呉市には、1909(明治42)年から1967(昭和42)年まで、呉市電(路面電車)が走っていた。広島県では、広島市電(広島電鉄)よりも早い県内初の路面電車で、中国地方でも岩国市電(岩国電気軌道)に次ぐ2番目の開業路線であった。呉市電の全長は川原石・長浜間の11・3キロで、ほぼ国道(31号・185号)の上を走っていた。

呉市電の歴史は、1906(明治39)年8月19日に設立された呉馬車鉄道に始まる。この会社は、1907(明治40)年2月26日に川原石～本通九丁目の軌道法特許を得ていたが、時代の流れを受けて、1908(明治41)年2月14日に呉電気鉄道と改称して、馬車から電車にスタイルを変更している。1909(明治42)年10月31日、鉄道踏切(西本通三丁目)～本通九丁目間の路線が最初に開業した。同年12月3日には呉停車場前(呉駅前)～呉駅前間の支線が開通している。

その後、1910(明治43)年4月27日、川原石～鉄道踏切間が延伸したが、呉線との平面交差のため、線路が分断されていた(戦後、陸橋でつながった)。さらに1911(明治44)年3月25日、本通九丁目～鹿田間が専用軌道で開通した。この年、呉電気鉄道と広島水力電気が合併して広島呉電気となり、さらに1921(大正10)年に広島電燈と合併し、広島電気となった。

一方、1921(大正10)年12月20日に設立された、芸南電気軌道は、1927(昭和2)年4月10日に本通九丁目～呉越間を開業させ、その後も東へ路線を延伸させていた。1929(昭和4)年4月10日、先行していた広島電気の軌道事業は、この芸南電気軌道へ譲渡されて、新たな路線が加わり、1935(昭和10)年12月21日に一門前～長浜間が開通し、川原石～長浜間の全線が完成している。

ここまでは順調だった呉の路面電車だが、第

「ワンマンカー」の札を前面に掲出した2000形が道幅の広い呉駅前付近を行く。3両がナニワ工機で製造された。呉市電が1967年に全廃されると、2002と2003の2両が、3000形とともに仙台市交通局（仙台市電）に譲渡された。◎1960年7月17日　撮影：荻原二郎

店舗の大きな看板が目立つ呉駅前に2軸単車の100形がやって来た。車体に貼られた広告には大手調味料メーカーのものが目立ち、市民の目に触れる機会が多い街中を走る路面電車の雰囲気を醸し出していた。◎1960年7月17日　撮影：荻原二郎

長浜 ながはま	0.0km
入江 いりえ	0.1km
津久茂 つくも	0.7km
岩樋 いわい	1.7km
広交叉点 ひろこうさてん	2.0km
二級橋 にきゅうばし	2.4km
広支所前 ひろししょまえ	2.7km
広大橋 ひろおおはし	3.2km
先小倉 さきおぐら	3.6km
阿賀駅前 あがえきまえ	4.1km
阿賀海岸通 あがかいがんどおり	4.4km
郷 ごう	4.9km
原 はら	5.5km
中畑 なかはた	6.1km
呉越 くれごえ	6.7km
畑 はた	7.2km
本通十五丁目 ほんどおりじゅうごちょうめ	7.6km
本通十三丁目 ほんどおりじゅうさんちょうめ	8.1km
本通十一丁目 ほんどおりじゅういっちょうめ	8.5km
本通九丁目 ほんどおりきゅうちょうめ	8.7km
本通七丁目 ほんどおりななちょうめ	9.0km
四ツ道路 よつどうろ	9.4km
中通三丁目 なかどおりさんちょうめ	9.6km
中央桟橋通 ちゅうおうさんばしどおり	9.8km
呉駅前 くれえきまえ	10.1km
西本通六丁目 にしほんどおりろくちょうめ	10.6km
呉陸橋 くれりっきょう	10.8km
川原石 かわらいし	11.3km

【駅前支線】

本通九丁目 ほんどおりきゅうちょうめ	0.0km
東雲町一丁目 しののめちょういっちょうめ	0.2km
東雲町二丁目 しののめちょうにちょうめ	0.3km
東雲町三丁目 しののめちょうさんちょうめ	0.4km
東雲町四丁目 しののめちょうよんちょうめ	0.5km
鹿田 しかた	0.6km

二次世界大戦の勃発が大きな影響を与えることとなる。1942（昭和17）年12月21日、海軍の要請で、路線は呉市に譲渡され、新設された呉市交通局が運営する呉市電となった。1943（昭和18）年には川原石～西本通三丁目間と、停車場前（呉駅前）～呉駅前間の支線が休止された。さらに、この後はアメリカ軍による空襲で大きな被害を受けた。

戦後、1954（昭和29）年7月11日、呉線を跨ぐ呉陸橋が完成したことで、戦争のために休止していた川原石～西本通三丁目が復活。西本通三丁目停留場が廃止されて呉陸橋停留場が設置された。しかし、バスや自家用車の普及などで市電の乗客は減少し、1967（昭和42）年12月18日に全線が廃止された。市電に代わる形では、呉市営バスが運行されていたが、2012（平成24）年3月31日で営業を終了し、現在は広島電鉄バスとして運行されている。また、この呉市電で使用されていた車両は、岡山電気軌道、伊予鉄道、仙台市交通局に譲渡された。

東西に延びる呉市電は、かなりの区間で国鉄呉線に沿って走っており、呉駅と安芸阿賀駅に連絡する駅前停留場が置かれており、起終点だった川原石停留場の付近にも、呉線の川原石駅が存在している。

幾本もの広い道路が東西に横切る呉の市街地。呉線の駅は街の海側に建設された。第二次世界大戦時には軍事輸送で活況を呈した構内には、貨車等を留め置くたくさんの側線が見える。◎1980年7月25日　提供：読売新聞社

お客を乗せてホームで発車を待つのはキハ4。片側のみにボギー台車を履くガソリン動車は昭和初期に導入された。同鉄道の廃止後は静岡鉄道へ移籍し、1軸台車側もボギー台車に改造された。◎1939年7月
撮影：裏辻三郎

廃線

鞆鉄道

城下街の福山と港町の鞆を結ぶ

区間▼福山～鞆
駅数▼12駅
全通年月日▼1913（大正2）年11月17日
路線距離▼12.5キロ
軌間▼762ミリ
最高速度▼不詳

アメリカ製の蒸気機関車を彷彿とさせる、ダイヤモンドスタックのような形状をした部品を煙突の上部に装着した鞆鉄道のB型タンク機はドイツ製。サイドタンクにはメーカーズプレートと機番を指す「4」のプレートを付ける。
◎撮影：牧野俊介

福山 ふくやま	0.0km
三ノ丸 さんのまる	0.2km
野上 のがみ	＊＊
草戸稲荷 くさどいなり	1.8km
半坂 はんざか	2.7km
妙見 みょうけん	3.4km
水呑薬師 みのみやくし	4.7km
水呑 みのみ	5.5km
葛城 かつらぎ	6.7km
田尻村 たじりむら	9.0km
金崎 かなざき	10.2km
鞆 とも	12.5km

福山市に本拠を置き、県内東部を中心に路線バス、観光バスの営業を行っている鞆鉄道株式会社（トモテツバス）は、その名が示すように1954（昭和29）年まで鉄道路線を有していた。

この鉄道の歴史は、明治後期に始まる。1909（明治42）年、当時の福山町と鞆町を結ぶ鉄道として、両町の議員らと大日本軌道の雨宮亘により、軌道条例による鞆軌道の出願がなされた。翌1910（明治43）年に軽便鉄道法が公布され、計画を改めたことで、同年9月に鞆軽便鉄道として免許状が下りた。2か月後の11月、鞆軽便鉄道が設立されたのである。

明治から大正に元号が変わった後、1913（大正2）年11月17日、まず野上～鞆間が開業した。1914（大正3）年4月12日、福山町～野上間が延伸している。1919（大正8）年、福山町駅は鞆鉄福山駅に駅名を改称している。当時、沼隈郡には1889（明治22）年に誕生した鞆町があった。

終着の鞆は瀬戸内海で繁栄した潮待ちの港町で、江戸時代には備後福山藩内で第二の規模、人口5000人の商都であった。

一方、起点となる福山は、明治維新後に福山町が誕生し、1916（大正5）年に市制が施行されて、福山市となっていた。この間、1891（明治24）年9月に山陽鉄道の笠岡～福山間、11月に福山～尾道間が開業し、福山駅が置かれたことで、街の発展の基礎が築かれていた。1926（大正15）年12月19日に社名を鞆鉄道に変更した。1928（昭和3）年12月23日には、芦田川の改修工事に伴い、妙見～野上間が新線路に変更された。

鞆鉄道は、街の中心に位置する福山駅と、南側にある重要な港町の玄関口である鞆駅を結ぶ鉄道であった。当初の連絡駅であった福山町（鞆

鞆鉄道は創業時に4両の蒸気機関車を導入した。2両は雨宮製作所製で、残る2両はドイツのアーノルト・ユンク社製だった。写真の機関車はドイツ生まれの1両で、運転室前面の小判型に抜かれた窓が特徴だ。◎1939年7月　撮影：裏辻三郎

客車列車には貨車が連結され、福山と鞆の間を行き交う物資輸送の任も担っていた。2軸の有蓋車は横板を重ねた木製の車体。重そうな引き戸を備えている。側面には手書きと思しき車番や仕様、社紋等が描かれている。◎撮影：牧野俊介

鞆鉄道では開業当初より、旅客輸送の主力は客車だった。大正生まれのボハ2は、木製車体の両端部にオープンデッキを備えた古典的な姿。ボギー台車を履くものの、台枠部分が車体などと比べて華奢に見える。◎1939年7月　撮影：裏辻三郎

鉄福山）駅は、１９３１（昭和６）年9月10日に福山～三ノ丸間が開業したことで三ノ丸駅に改められ、新たに福山駅が連絡駅となった。福山駅を出た鞆鉄道の列車は、芦田川を渡り、鞆駅まで12・5キロの道を進むこととなる。途中駅としては妙見、金崎など10駅が置かれていた。終着駅の鞆駅は鞆の市街地北側の入り口付近に置かれ、中心部とは離れていた。駅の跡地はその後工場、バス車庫（鞆車庫）などとなっていた。

当初から軌間は７６２ミリで、当初は蒸気機関車が使われ、途中からはガソリンカーに変わった。列車は1日8～13往復が運転され、片道で約40分を要していた。この鞆鉄道で使用されていた蒸気機関車は、煙突部分がラッキョウの形に似ていたため、「ラッキョ汽車」とも呼ばれていた。１９５４（昭和29）年3月1日に全線が廃止されて、バス路線に変わった。

終点の鞆駅があった鞆一帯（鞆の浦）は、古来より風光明媚な場所として有名で、万葉集にも登場している。１９２５年に国の名勝「鞆公園」となり、１９３４年に国立公園「瀬戸内海国立公園」に指定された。また、近年は宮崎駿監督の映画「崖の上のポニョ」の舞台として話題となった。宮崎監督は、ジブリの社員旅行で鞆の浦を訪れて気に入り、この地の崖の上の一軒家に籠り、長期間にわたって作品の構想を練ったという。１９９２年に都市景観１００選になった古い港町の風景は今なお江戸時代そのままに美しく保存され、ユネスコの諮問機関イコモスから世界遺産級と評価されている。２０１７年には、文化庁により重要伝統的建造物群保存地区に指定されている。

終点間近の金崎～鞆間を進むのはアーノルト・ユンク社製のB型タンク機が牽引する混合列車。軌道は道路の隅に並行して敷かれている。写真からは道床にバラストがまんべんなく盛られているように見え、小規模鉄道ながら整備の行き届いた路線であったことを窺わせる。◎撮影：牧野俊介

軽便鉄道向けにガソリン動車を製造していた松井自動車工作所の手による1928（昭和3）年製のキハ3。片方の前端部にバスケットを装備していた。ダブルルーフや車体下部に切られた半円形のデザインが優美だ。◎撮影：牧野俊介

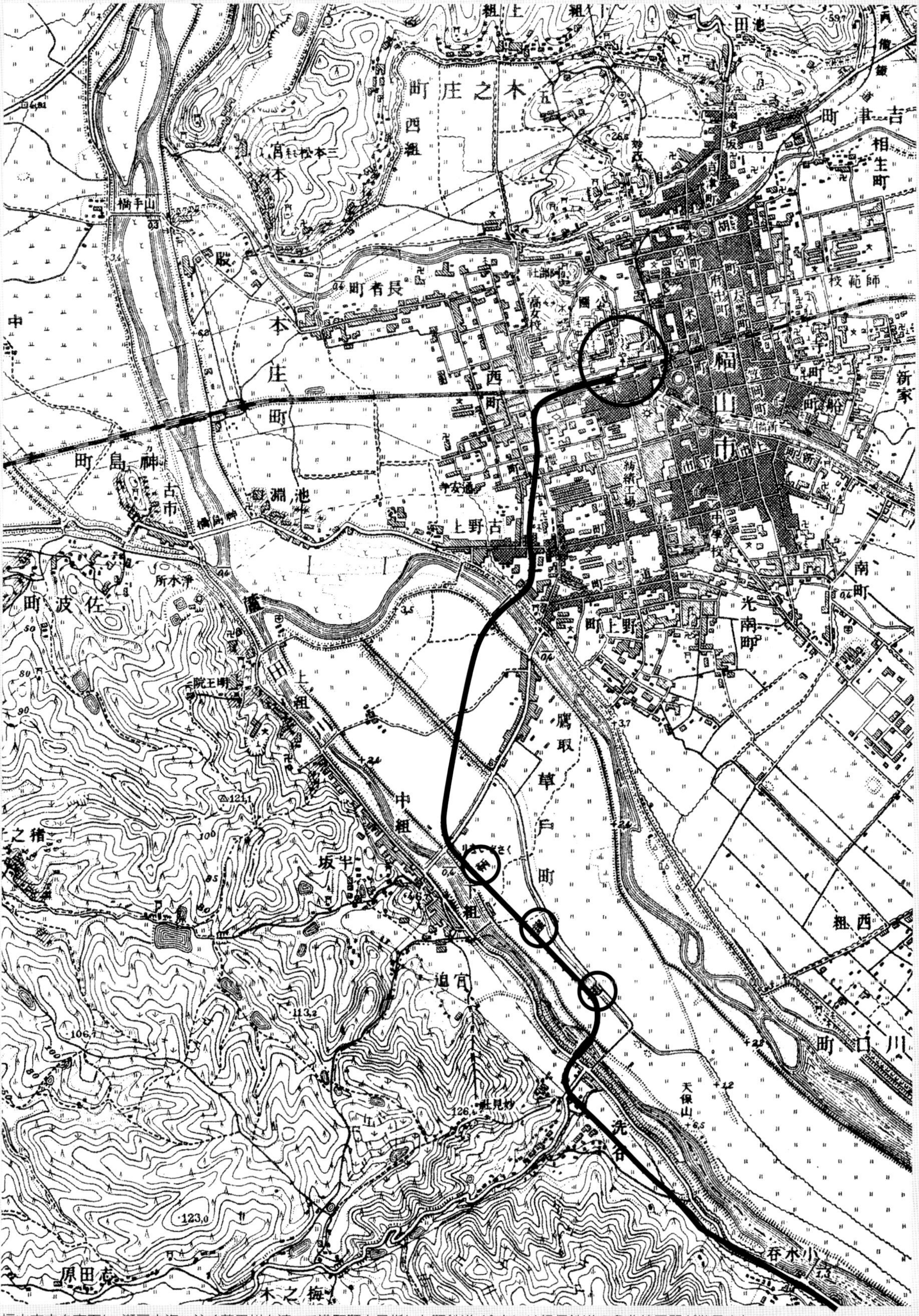

福山市内を南下し、瀬戸内海へ注ぐ芦田川を渡って港町鞆を目指した鞆鉄道。途中には軽便鉄道の急曲線区間が散見される。
（1949年応急測量）

スカイレール

ニュータウン住民のための路線

区間▼みどり口〜みどり中央
駅数▼3駅
全通年月日▼1998（平成10）年8月28日
路線距離▼1・3キロ

スカイレールサービス株式会社が運営するスカイレールサービス短距離交通瀬野線。ロープウェイとモノレールを折衷したような構造の新交通システムだ。山陽本線の瀬野駅と広島市安芸区の住宅団地「スカイレールタウンみどり坂」を結ぶ。◎1999年3月13日　撮影：荒川好夫（RGG）

「瀬野八」で知られる山陽本線の瀬野駅の北側、広島市安芸区瀬野西一帯に広がるニュータウン、スカイレールサービスみどり坂の住民のための交通機関として設置されたのが、モノレール路線「広島単距離交通瀬野線（スカイレールみどり坂線）」であり、スカイレールサービス株式会社が運営している。この鉄道は、瀬野駅の北側に設置されたみどり口駅から北へ進み、その後は西に向かい、みどり中街駅を経由し、みどり中央駅へ至る1・3キロの路線である。

スカイレールは、懸垂式モノレールとロープウェイを組み合わせたような交通システムで、神戸製鋼所、三菱重工業などが共同開発した。この交通システムは、車体の支持・案内を桁構造と車輪で行っており、風に強いのが特徴である。1998（平成10）年8月28日にみどり口〜みどり中央間が開業したが、路線が急こう配のため、この新しい交通システムが採用された。

瀬野線が南北に走るスカイレールタウンみどり坂は、積水ハウス、青木あすなろ建設が開発を行った住宅地で、開通前年の1997（平成9）年から入居が始まった。2011（平成23）年には、みどり中央駅の南側に、広島市立みどり坂小学校が開校している。

また、みどり口駅と隣接するJR瀬野駅は、山陽鉄道時代の1894（明治27）年6月10日の三原（現・糸崎）〜広島間の開通時に開業した歴史のある駅である。かつては、「瀬野八」越えのための瀬野機関区が存在した。1997（平成9）年3月30日に島式ホーム2面4線の橋上駅舎を有する地上駅に改築され、当時は北西に誕生する予定であった、みどり口駅と結ばれた。

瀬戸内の鉄道連絡船とロープウエー

鉄道路線を隔てる海を船で結ぶ鉄道連絡船。本州と四国の間に瀬戸内海が紫紺の水面を湛える山陽地方には相応しい施設だ。広島県には呉線の仁方駅と予讃線の堀江駅を連絡する仁堀航路と、山陽本線宮島口と観光地安芸の宮島を結ぶ宮島航路があった。仁堀航路は第二次世界大戦後の1946年に運航を始めたが需要が伸び悩み、1982年に廃止された。一方、明治時代より運航している宮島航路は、世界遺産厳島神社へ向かう船として、現在まで盛況を博している。宮島島内には弥山(みせん)へ上る宮島ロープウエーが運行する。

煙突部分に旧国鉄を示すJNRマークを着けた宮島連絡船「みせん丸」。1978年に就航した三代目である。1996年まで使用され、国鉄からJRへ移行する激動の時代を過ごした。◎宮島　1983年9月13日　撮影：荒川好夫(RGG)

近くで海水浴客が遊ぶ仁方港に停泊するのは仁堀連絡船の「瀬戸丸」。仁堀連絡船は呉線の仁方駅と予讃本線(現・予讃線)の堀江駅に近い港を結ぶ鉄道連絡船で、1982年まで運航した。◎仁方　1975年7月29日　撮影：荒川好夫(RGG)

景勝地安芸の宮島で広島観光開発が運行する宮島ロープウエー。宮島の紅葉谷駅と、宮島の中央部に聳える弥山(535メートル)の獅子岩駅を1.6キロで結ぶ。書類上は途中の榧谷(かやたに)駅で紅葉谷線と獅子岩線に分けられる。榧谷で乗降はできない。◎2017年9月27日

牧野和人（まきの かずと）

1962年、三重県生まれ。写真家。京都工芸繊維大学卒。幼少期より鉄道の撮影に親しむ。平成13年より生業として写真撮影、執筆業に取り組み、撮影会講師等を務める。企業広告、カレンダー、時刻表、旅行誌、趣味誌等に作品を多数発表。月刊「鉄道ファン」誌では、鉄道写真の可能性を追求した「鉄道美」を連載する。臨場感溢れる絵づくりをもっとうに四季の移ろいを求めて全国各地へ出向いている。

【執筆協力（本文）】

生田誠（いくた まこと）

1957年、京都市生まれ。東京大学文学部美術史学専修課程修了。全国紙記者として東京本社・大阪本社文化部に勤務。現在は地域紙研究家。

【写真撮影・提供】

明田弘司、裏辻三郎、江本廣一、荻原二郎、荻原俊夫、春日信次、窪田正實、髙井薫平
田中みどり、中西進一郎、林嶢、樋野村清子、牧野俊介、三上茂、森嶋孝司、安田就視
（RGG）荒川好夫、岩堀春夫、大道政之、小川金治、河野豊、高木英二、森嶋孝司
広島市公文書館、竹原市、福山市、安芸太田町、坂町教育委員会、読売新聞社

広島県の鉄道
昭和～平成の全路線

発行日……………………2018年4月5日　第1刷　　※定価はカバーに表示してあります。

著者………………………牧野和人
発行者……………………茂山和也
発行所……………………株式会社アルファベータブックス
〒102-0072　東京都千代田区飯田橋 2-14-5　定谷ビル
TEL. 03-3239-1850　FAX.03-3239-1851
http://ab-books.hondana.jp/

編集協力…………………株式会社フォト・パブリッシング
デザイン・DTP ………柏倉栄治
印刷・製本 ……………モリモト印刷株式会社

ISBN978-4-86598-835-2 C0026